KB115389

땅부자 될래,
개미 될래?

땅부자 될래, 개미 될래?

발행일 2017년 5월 26일

지은이 이 미 연 일러스트 김 범 석
펴낸이 손 형 국
펴낸곳 (주)북랩
편집인 선일영 편집 이종무, 권혁신, 송재병, 최예은
디자인 이현수, 이정아, 김민하, 한수희 제작 박기성, 황동현, 구성우
마케팅 김회란, 박진관
출판등록 2004. 12. 1(제2012-000051호)
주소 서울시 금천구 가산디지털 1로 168, 우림라이온스밸리 B동 B113, 114호
홈페이지 www.book.co.kr
전화번호 (02)2026-5777 팩스 (02)2026-5747

ISBN 979-11-5987-572-4 03320 (종이책) 979-11-5987-573-1 05320 (전자책)

이 도서의 국립중앙도서관 출판예정도서목록(CIP)은 서지정보유통지원시스템 홈페이지(http://seoji.nl.go.kr)와 국가자료공동목록시스템(http://www.nl.go.kr/kolisnet)에서 이용하실 수 있습니다.
(CIP제어번호: CIP2017011872)

당신을 성실한 개미에서 **똑똑한 땅부자로 바꿔주는 재테크 노하우**

땅부자 될래, 개미 될래?

이미연 지음

북랩book Lab

"땅으로 팔자 펴기"

경험 중심의 책

2007년 이후 10년 동안 토지 중심의 부동산 투자를 통해 8건의 등기 권리증을 확보했다. 어떤 투자는 만족을 했고 어떤 투자는 아직까지도 아쉬움이 남는다. 이런 실제 투자 경험과 재테크 코칭을 통해 만난 고객들을 통해 얻은 간접 경험을 바탕으로 많은 사람들이 땅으로 부자가 되기를 바라며 이 책을 썼다.

투자의 방향

인생에서 중요한 것은 속도가 아니라 방향이라고 한다. 수많은 월급쟁이들이 더 나은 삶을 위해 아침 일찍 일어나 밤늦도록 열심히 일한 덕에 대한민국 경제 수준은 많이 좋아졌다. 하지만 월급만으로 살아가는 개미들의 미래는 점점 더 불안해지고 있다. 더욱이 삶의 수준 향상과 의료 기술의 발달로 수명이 빠르게 늘고 있어 인생 100세 시대를 준비해야 한다는 불안감이 번지고 있다. 그렇지만 성실한 개미들은 줄어드는 월급에 매달려 아웅다웅 버티다 보니 점점 더 희망을 잃어가는 상황이 되었다.

대한민국이 역동적으로 발전하던 70, 80년대에는 외벌이로도 생활이 가능했지만, 생활 수준이 높아지고 지출 규모가 커지면서 어느덧 맞벌이를 해야만 생존이 가능한 구조가 되었다. 더구나 인생 100세 시대 준비는 월급만으로는 불가능하므로 투자를 통한 이익이 있어야 한다. 오직 월급에만 의지하며 앞만 보고 정신없이 달려가서 도달한 목적지에 먹을 것이 부족하다면 얼마나 허망하겠는가?

그렇다면 어떻게 해야 하는가? 시대의 흐름을 잘 살펴서 투자를 해야 한다. 투자를 통해 자신이 일하지 않더라도 노후에 필요한 생활비 이상의 수입을 벌 수 있는 구조를 반드시 구축해야 한다. 성실한 개미가 아닌 투자가가 되어야 한다. 투자 중에서도 가장 확실하고 최상의 가치로 부상한 부동산에 투자하는 것이 현명하다.

경제정의실천시민연합과 정동영 의원실이 국세청 자료를 바탕으로 한 분석자료에 따르면 1964년부터 2015년까지 약 51년 동안 80kg짜리 쌀값은 3,470원에서 15만 7,029원으로 45.2배 오른 것에 비해 땅값은 민간 소유 가격을 추산해본 결과 약 4,000배 상승했다.

같은 기간 노동자 임금 총액은 5,000억 원에서 747조 원으로 1,500배 정도 상승하는 데 그쳤다고 추산했다. 다른 어떤 자산보다 땅값이 많이 올랐다. 그 이유는 우리나라는 국토가 작고, 부동산이 국부의 약 88.6%를 차지하고 있어 중요한 요소이기 때문이다.

삼성의 창업주 이병철 회장은 백화점 사업의 본질을 부동산업으로 정의했고, 빅맥 지수를 탄생시킬 만큼 맥도널드를 전 세계적으로 프랜차이즈화한 레이몬드 크락은 대학생들과의 대화에서 맥도널드는 단순히 햄버거를 파는 것이 아닌 부동산업을 한다고 했을 정도로 부동산은 모든 투자의 기본이다. 특히 부동산 중에서도 가장 근간이 되며 지구상에 유일무이한 신의 작품으로 지속적으로 가치가 상승하는 토지에 투자하는 것이 가장 현명하다. 대한민국 부자들의 대부분은 토지 투자로 돈을 벌었다.

본 서는 부가 가치가 낮은 월급에만 올인하는 성실한 개미의 관점을 탈피하여 부자가 될 수 있는 토지 투자의 핵심 기준과 실행 노하우를 실제 땅을 투자하면서 체득한 현장 경험을 근거로 제시하고 있다. 이 글을 읽은 모든 독자들이 땅으로 팔자가 펴는 풍요로운 세상을 꿈꾸어 본다.

C · O · N · T · E · N · T · S

PART 3 투자 실행 노하우 · 83

PART 1

투자의 필요성

1. 왜 투자를 해야 하나

적자생존

자연의 법칙 중 하나가 적자생존이다. 환경에 적응하는 생명체나 집단은 살아남고 그렇지 못한 집단은 도태된다. 과학의 발달로 우리가 살고 있는 환경이 너무나도 빠르게 변화하고 있다. 어제 배운 지식이 하루아침에 별 도움이 되지 않을 정도로 빛의 속도로 변하고 있다. 동창회를 나가보면 예전에는 공부를 잘했던 친구들이 어깨에 힘을 주고 술값도 더 내고 했는데, 이제는 공부를 잘했던 친구들은 자녀 교육비를 대느라 여유가 없어졌다. 대신에 공부를 못해 일찍이 사업을 했거나 농사를 지었던 친구들은 평생 생계를 해결할 만큼 돈을 많이 벌었거나 땅값이 기하급수적으로 올라 떵떵거리며 잘살게 되었다. 30년 전에는 상상도 못 했던 풍경이다.

한 세대를 거슬러 올라간 1980년대 후반의 대한민국은 높은 경제성장률과 발전 가능성이 있었기에 미래에 대한 걱정이 없었다. 첫 직장이 평생직장이 되었으며 퇴직 후 퇴직금으로 자녀들을 출가시키고 남은 여생을 마칠 여력이 되었던 시대였다. 하지만 IMF와 금융위기를 거쳐 오면서 평생직장의 개념은 사라져 많은 사람들이 노후를 걱정하며 불안해하고 있다.

IMF 이후 명예퇴직제가 도입되어 많은 사람들이 40대나 50대에 회사에서 퇴직을 했다. 금융위기 이후에는 50대 초반이 인생 1막의 은퇴 연령이 되었다. 하지만 고령화 시대를 처음 겪는 한국 사회는 이들에게 마땅한 해답을 주고 있지 못한 실정이다. 그렇다 보니 대부분의 사람들이 자신의 경력을 활용하여 제2의 직장을 가기가 힘들어 은퇴 후 프랜차이즈 사업을 하게 된다. 직장생활만을 했던 사람들이 새로운 사업을 처음해서 성공하기는 하늘의 별 따기만큼 어려웠다. 자연히 창업 후 대부분의 사람들이 퇴직금을 날리고 경비나 막노동 일꾼 등으로 전락했다. 주말도 없이 젊음을 바쳐 평생 일하며 회사에 헌신하고 가정에 충실했던 선배들이 60세가 되어 2명 중 1명은 노후 빈곤에 시달리며 희망이 없는 힘든 삶을 사는 것이 현실이다.

은퇴 후 준비가 잘 된 선배들도 하나의 가정을 이루고 자녀를 교육시키고 결혼을 시키느라 돈을 다 써서 노후 준비가 힘들다고 한다. 부모가 육십이 되면 자녀가 대부분 출가를 한다. 자녀가 2명일 경우라면 아파트를 담보삼아 대출을 받아 그 자금으로 자녀를 출가시킨다. 자신이 거주하는 아파트 가격 오른 것을 기뻐했던 것이 자녀가 집 얻을 때 부메랑이 되어 부담으로 돌아오고 있다.

조물주 위의 건물주

베이비붐 세대 사람이 워낙 많다 보니 시골로 유턴하는 경우가 많은데, 농사도 쉽지가 않다. 공무원, 군인 등 연금을 받는 퇴직자는 연금이 나와 생활이 가능하지만 혜택을 받는 사람이 많지가 않다. 그러다 보니 요즘 사람들이 가장 선호하는 것은 부동산 투자를 잘해서 빌딩 주인이 되는 것이다. 초등학생 장래 희망 순위에서 건물주가 연예인에 이어 2위라고 한다. 이제는 조물주 위의 건물주라는 말이 회자될 정도로 의사, 연예인, 변호사 등도 노후 대책으로 건물주를 가장 선호하는 세상이 되었다.

부자 되는 방법

사람이 태어나서 부자가 되는 방법은 3가지가 있다고 한다. 가장 좋은 방법은 부자로 태어나는 것이다. 자신의 부모가 부자라면 얼마나 좋겠는가. 이와 유사한 방법은 돈 많은 배우자를 만나는 것이다. 두 번째 방법은 현대 정주영, 삼성 이병철, 네이버의 이해진, 카카오의 김범수 대표처럼 창업을 통해 성공해서 부자가 되는 방법이다. 이것은 매우 어렵다. 세 번째 방법은 평범한 사람이 투자를 통해 돈을 많이 버는 것이다.

주변 친구 및 선배들 이야기를 들어 보니 투자를 잘한 사람은 앞으로 30년을 경제적 어려움 없이 살아갈 수 있고 이들이 제일 부럽다고 한다. "친구 아무개는 어디에 아파트를 몇 채 샀는데 그것이 얼마나 올랐다더라. 어디에 상가가 있는데 임대 수익이 얼마라더라. 강남 사는 숙모는 신도시에 땅을 샀는데 수십 배가 올랐다더라…"라고들 한다.

2. 재테크 방향

금융과 부동산

일반 서민들이 많이 하는 투자는 금융과 부동산이다. 금융과 부동산은 함께 가기에 금융을 알아야 부동산을 알고 부동산을 알아야 금융을 안다. 하지만 많은 개미 군단은 알고 투자하기보다는 소문에 따라 투자를 해서 재미보다는 손실을 많이 본다.

2016년 연초 대비 연말에 주가가 올랐다. 주식에 투자해서 앞선 정보를 활용하여 투자한 기관들은 수익을 냈지만 '카더라 통신'에 의지하며 대박을 꿈꾼 개인투자자들은 큰 손실을 봤다. 10년간의 주식 추세를 살펴보아도 개미들이 선호한 주식들은 큰 손실을 보았고 외국인과 기관이 선호한 주식들은 많이 올라 재미를 봤다.

기본을 알자

제대로 된 투자를 하기 위해서는 경제와 기본적인 금융의 종류와 금리, 환율, 주가지수 등을 알아야 한다. 채권은 회사가 부족한 자금을 동원하는 수단이다. 회사가 돈을 빌리며 발행한 차용증서가 채권이다. 외부에서 1억 원, 2억 원 차용 시 몇 프로의 이자를 주고 자금 조달하면서 발행한 것이 채권이다. 어떤 사람이 1주당 1천 원씩 1억 원어치의 주식을 샀을 경우, 매출이 증가하면 주가가 상승하게 되어 1천 원짜리 주식이 5천 원이 되면 5배의 수익을 거둘 수 있다. 채권은 회사 성장과 상관없이 정해진 금액을 받기에 회사 손실이 발생하면 채권을 산 사람이 유리하다. 결국 채권은 차용 증서다. 주식은 권리 행사를 할 수 있는 주권이며 주가 상승은 경제의 선행지수이다. 주식이 상승하면 경제가 좋아진다. 이 정도는 알아야 한다.

복리의 힘

은행 금리 중 복리의 힘을 알 수 있는 것이 '72법칙'이다. 72를 연평균 수익률로 나누면 원금이 2배로 늘어나는 시기를 구할 수 있다. 예를 들어 5천만 원으로 2배로 늘리는 기간은 금리가 15%일 때는 4.8년이 걸리고 최근의 금리인 2%를 적용하면 36년이 걸린다. 1억의 현금을 은행에 넣어 2억이 되는 데 36년이 걸리지만 1억을 땅에 투자하면 3~5년 안에 2~3억을 꿈꿀 수 있다. 어디에 투자할 것인가?

부자는 부동산

『강남부자들』의 저자인 고준석 박사는 "펀드나 예금으로는 부자가 될 수 없습니다. 저는 신한은행에서 25년을 일하면서 부자가 된 사람들을 몇 명 봤습니다. 부동산으로 돈을 옮긴 사람들은 부자가 되는 반면, 은행에 꼬박꼬박 적금을 들었던 사람들은 그렇지 못했습니다. 강남 부자들은 지금도 부동산을 사고 있습니다"라며 부자가 되기 위해서는 부동산에 투자해야 한다는 사실을 강조하고 있다.

3. 왜 땅인가?

국부 중 부동산 비중 88.6%

대한민국 전체 자산은 1경 2천 3백 60조 원이다. 최근 제주도와 세종시 땅값이 급상승해서 1천 5백조가 더 올랐다. 이중 부동산이 88.6%를 차지한다. 토지는 6천조 원이 넘는다. 건설 토목이 4천 5백조 원이다. 도합 1경 1천조 원이 부동산이다. 주식에서 주가 지수가 올라가고 있지만 상장사 주식의 총량이 1천 6백조 원 조금 넘는다. 우리나라 주식을 다 합쳐도 이 정도밖에 안 된다. 부동산을 떼고 재산을 논할 수 없다. 이렇게 중요하기에 정권이 바뀔 때마다 부동산 정책이 새롭게 나온다. 취등록세 1%를 올리면 세금이 엄청나다. 반대로 세금이 줄어들면 예산도 엄청 줄어든다.

땅은 영원불변

미국이 최근에 금리를 0.75~1%로 올렸다. 앞으로 2번 또는 3번 더 올린다고 한다. 자본은 낮은 금리에서 높은 금리로 이동한다. 미국 금리가 지속적으로 인상될 경우 한국에서 달러가 빠져나가는 것을 방지하기 위해 우리나라도 금리를 올릴 것이 예상된다. 금리 이외에도 보호무역주의로 회귀하고 있는 미국의 통상 압력이 점점 심각해지고 있고 사드로 인한 중국의 한국기업 규제도 점점 노골화되고 있어 대한민국은 총체적인 경제 위기에 직면해 있다. 이런 대외 여건에도 불구하고 땅은 영원불변이다. 경제 상황보다는 개발 진행 상황에 따라 가격이 오른다. 경제에 따라 춤추는 실물경제보다 개발 진행 상황에 따라 가격이 상승하는 안정적인 땅에 투자하는 것이 리스크를 줄이는 방법이다.

국민의 절반이 수도권에

땅을 어떻게 다루느냐에 따라 인생이 바뀐다. 우리나라 자산의 90%가 부동산이고 국토가 매우 좁기에 환경상 캐나다와 미국과는 다르다. 미국과 캐나다는 부동산 개발업자가 유망 직종이다. 필요로 하는 곳만 개발하는 것이 훨씬 유망하고 이익을 창출할 수 있다. 땅이 넓은 나라에서 새로운 도시를 만들려면 비용이 많이 든다. 그렇지만 우리나라는 다르다. 경제 규모는 세계 12~3위권이고 땅덩어리는 작다. 대부분의 인프라가 수도권 주변에 포진되어 있다. 산업화로 농촌 인구가 도시로 이동하였고 대한민국 국민의 절반이 수도권에 몰려 산다. 서울 인구 1천만, 인천 인구 약 3백만, 경기도 인구는 1천 2백 5십만 명을 넘어섰다.

도시의 발전 과정을 살펴보자. 88올림픽 개최 후 전 세계에 한국이 알려지기 시작하면서 엄청난 경제 발전이 이루어졌다. 경제 발전과 도시화로 인구가 도시로 집중하면서 주택이 부족하게 되어 주택 200만 호 건설 정책을 시행했고, 1기 신도시가 개발되기 시작하였다. 신도시 개발 소문이 돌기 시작한 시기는 1988년도, 1989년이다. 이때부터 개발에 착공하여 1992년부터 입주를 시작하였다. 1997년 전까지 1기 신도시가 입주 완료되었다.

신도시가 들어오기 전에는 철원이나 분당의 땅값이 비슷하거나 철원의 옥토가 더 비쌌다. 그러나 분당 신도시가 들어오고 도시화가 이루어지면서 가격 역전이 발생했다. 1988년 시점에 판교나 정자동에 투자를 했다면 돈을 벌었을 것이다. 분당 신도시 교통·주거 환경 개선을 위해 도로와 지하철이 건설되면서 도시가 팽창되었다. 논밭이 근린 생활 지역으로 바뀌었다.

신도시 성공

1997년에 1기 신도시 입주가 완료되고, 그다음 해인 1998년경 2기 신도시 로드맵 소문이 나기 시작하였다. 2003년 8월 무렵 판교 신도시 개발이 확정되었다. 이 당시 땅값은 평당 100~150만 원이었다. 2003년 12월 개발이 시작될 당시 평당 300만 원이 되었다. 한 TV 프로그램에서 강용석 변호사가 2003년도에 1억 2천만 원을 투자를 하여 15억 원으로 가치가 상승했다는 투자 성공 이야기를 한 것이 2015년이다.

내가 만났던 고객도 2012년 평택 지제역 앞에 땅을 샀는데, 5년도 안 되어 5배 이상 올랐다. 분당, 일산, 용인, 판교, 동탄, 평택 등 신도시가 개발될 때 이런 성공 사례는 무수히 발생했다.

땅이 최고의 재테크 수단

대한민국에서는 땅이 최고의 재테크 수단이다. 미국, 중국은 땅이 넓어서 인프라 갖춘 땅이 많기에 땅으로 돈 벌 기회가 적다. 우리나라는 지역 및 경제적 여건상 땅이 최고다. 우리나라는 무역규모 세계 8위, 국민총생산규모 세계 13위의 경제 대국이다. 그에 비해 인구밀도는 세계 3위다. 경제 규모가 크고 인구밀도가 높기에 필요로 하는 땅은 한정되어 있어 땅값이 어마어마하게 비싸다. 가용 가능한 경제적인 땅은 가격이 지속적으로 오를 수밖에 없다. 대한민국에서는 땅이 넘버 원이다.

도시화의 특성

두 종류의 사람이 있다. 첫 번째는 신도시가 개발될 때 개발 시작으로 가격 탄력성을 받았다고 생각하고 투자를 하는 사람이다. 두 번째는 가격이 오를 만큼 올라 너무 비싸다고 생각하고 투자를 하지 않는 사람이다. 작은 평수인데 그까짓 것 사서 뭐하냐며 사지 않는 사람도 있다. 2백, 3백만 원이 된 땅의 가격을 민감하게 봐야 한다. 이 정도의 가격이 형성된 곳이 개발이 완성되면 더 빠르게 오른다. 도시화의 특성은 인구와 돈과 경제의 집중화를 동반하기에 신도시 변방에서 낮은 가격을 형성한 곳의 가격은 천천히 오른다. 개발의 직접적 영향을 받은 땅, 햇빛을 보고 빛나는 땅을 사야 투자 가치가 높다.

부동산이 끝났다는 사람은 부자 될 자격이 없다. 최근 한국토지주택공사 사업설명회에 예상 인원보다 훨씬 많은 수천 명의 사람들이 몰려왔다. 여유 자금들이 갈 데가 없다는 표징이다. 이 자금의 주인들이 땅의 원리를 파악하고 땅에 투자한다면 미래 걱정 없는 부자가 되어 있을 것이다.

주거지역

거주의 안녕과 건전한 생활환경의 보호를 위하여 필요한 지역으로서 「국토의 계획 및 이용에 관한 법률」에 따라 도시·군관리 계획으로 결정·고시된 지역을 말한다.

주거지역은 「국토의 계획 및 이용에 관한 법률」에 의한 용도지역 중 도시지역의 한 종류이며, 단독주택·중층주택·고층주택 등이 적절히 배치되어 다양한 경관을 형성할 수 있고 스카이라인이 유지되도록 다음과 같이 세분하여 지정한다.

① **전용주거지역**: 양호한 주거환경을 보호하기 위하여 필요한 지역을 말한다.

기존에 형성된 양호한 주거환경을 보전할 필요가 있는 지역, 도시자연공원이 연계되어 있는 지역 등을 대상으로 지정하고 원칙적으로 주간선도로에 접하여 지정하지 않아야 한다. 전용주거지역은 다음과 같이 추가로 세분할 수 있다.

- 제1종 전용주거지역: 단독주택 중심의 양호한 주거환경을 보호하기 위하여 필요한 지역
- 제2종 전용주거지역: 공동주택 중심의 양호한 주거환경을 보호하기 위하여 필요한 지역

② **일반주거지역**: 편리한 주거환경을 조성하기 위하여 필요한 지역을 말한다.

저층주택, 중층주택 및 고층주택을 적절히 입지시켜 양호한 주거환경을 보호하고 인근의 주거 및 근린생활시설 등과 조화를 이룰 필요가 있는 지역을 대상으로 지정한다. 일반주거지역은 다음과 같이 추가로 세분할 수 있다.

- 제1종 일반주거지역: 저층주택을 중심으로 편리한 주거환경을 조성하기 위하여 필요한 지역
- 제2종 일반주거지역: 중층주택을 중심으로 편리한 주거환경을 조성하기 위하여 필요한 지역
- 제3종 일반주거지역: 중·고층주택을 중심으로 편리한 주거환경을 조성하기 위하여 필요한 지역

③ **준주거지역**: 주거기능을 위주로 이를 지원하는 일부 상업기능 및 업무기능을 보완하기 위하여 필요한 지역을 말한다.

주거 용도와 상업 용도가 혼재하지만 주로 주거환경을 보호하여야 할 지역, 주거지역과 상업지역 사이에 완충기능이 요구되는 지역 등을 대상으로 지정하며, 장례식장·공장 등 주거환경을 침해할 수 있는 시설은 주거기능과 분리시켜 배치하고 주변에 완충녹지를 배치하도록 한다.

주거지역 안에서 건폐율 및 용적률의 최대한도는 관할 구역의 면적과 인구 규모, 용도지역의 특성 등을 고려하여 「국토의 계획 및 이용에 관한 법률」에서 정하고 있는 기준에 따라 특별시·광역시·특별자치시·특별자치도·시 또는 군의 조례로 정한다.

구분		국토의 계획 및 이용에 관한 법률	
		건폐율	용적률
전용 주거지역	제1종	50% 이하	50% 이상 100% 이하
	제2종	50% 이하	100% 이상 150% 이하
일반 주거지역	제1종	60% 이하	100% 이상 200% 이하
	제2종	60% 이하	150% 이상 250% 이하
	제3종	50% 이하	200% 이상 300% 이하
준주거지역		70% 이하	200% 이상 500% 이하

주거지역 안에서 건축물의 용도, 종류 및 규모 등의 제한은 「국토의 계획 및 이용에 관한 법률 시행령」 별표 2~7에서 정하고 있으며, 특별시·광역시·특별자치시·특별자치도·시 또는 군의 조례에서 구체적으로 정하고 있다.

<출처 : 국토교통부, 토지이용규제정보서비스 용어사전>

PART 2

땅 투자 기준

1. 관점 전환

일체유심조

모든 것은 마음먹기에 달려있다는 일체유심조. 꿈의 내용보다 중요한 것은 해몽이다. 어떤 현상에 대해 어떤 관점으로 다가가느냐에 따라 결과는 엄청나게 달라진다. 5년 전과 똑같은 관점을 가지고 생활에 임하면 5년 후도 현재와 달라질 것이 없을 것이다. 보통 서민의 관점을 벗어나 성공한 투자자들이 가지고 있는 관점으로 전환해야 한다. 현실을 탓하는 소시민적 발상이 아니라 미래의 비전을 바라보며 준비를 해야 한다. 성실한 노동력을 기반으로 발전한 산업사회에서 발상의 전환이 요구되는 창조 경영의 시대로 급속한 변화가 이루어졌다. 성실히 일하며 월급에만 의존하며 앞만 보고 달려온 수많은 베이비부머들은 미래에 대한 완벽한 준비 없이 조기 퇴직하여 미래가 걱정되는 반면, 일찍이 재테크에 관심을 두고 차분히 투자해온 사람은 미래가 희망적이고 설렐 것이다.

압구정 사례

성공한 투자자들의 관점을 몸에 장착하자. 관점의 전환을 한 사례를 살펴보자.

경부고속도로를 개통하고 강남이 개발되면서 한강 변 홍수가 범람하게 됐고 홍수방지가 필요해졌다. 또 급속한 도시 개발로 전기 수요가 급격히 늘어, 정부에서는 다목적 댐 건설을 계획하게 되었다. 이 계획을 바탕으로 동양 최대 다목적 댐 소양강댐을 건설하였다. 정부로부터 현대건설 정주영 회장에게 건설 명령이 내려졌을 때, 정주영 회장이 강남이 개발되고 상시 한강 변 범람이 방지되면 이것으로 인해 가장 효과를 보는 곳이 어딜까 살펴서 찾아낸 곳이 압구정 일대였다. 일반인들이 홍수가 방지되고 전기가 생산되어 좋다는 단순한 생각에 머물 때 투자가 마인드로 접근한 정주영 회장은 역시 사업가였다.

소양강 댐이 완공된 이듬해 현대는 1974년도 압구정 지역 땅을 평당 1만 7천 원으로 구입하였다. 우리나라 아파트는 선분양한다. 개발에 필요한 돈이 부족하여 도입된 제도가 선분양이었다. 경제 발전을 하다 보니 건설회사에 돈이 없어 아파트 부지만 산 후에 선분양하고 이 돈으로 아파트를 건설하였다. 이런 관행이 지금까지 이어져 오고 있다.

현대건설은 압구정동에 아파트를 지어 평당 40~45만 원에 분양하였다. 아파트를 짓고 나니 주변 땅값이 4만 원으로 올랐다. 현재 압구정 현대아파트는 평당 4천 5백만 원 정도 하고 주변 땅값은 8천만 원에서 1억 5천만 원 정도 한다.

현대아파트가 들어서기 전 압구정은 농경지였다. 강남의 대부분이 대동소이하였다. 가격도 비슷했었는데, 지금은 위치에 따라 가격이 천차만별이다. 위치가 가격 결정의 중요 요소가 된다. 신도시 개발 과정에서 도심지역에 땅을 가진 사람들이 막대한 부를 축적하였다. 이 사람들을 졸부라 칭하고 그 자녀들을 칭하는 오렌지족이 탄생하였다.

어디가 혜택을 볼까?

현대 정주영 회장은 소양강댐이 건설되면 좋다는 단순한 생각을 넘어 '어디가 혜택을 볼까?'라는 관점을 전환한 질문으로 압구정동에 아파트를 지었고, 강남의 대표적인 부자 동네라는 브랜드를 창출하였다.

한강 옛 모습, 서울특별시 제공

압구정, 한국학중앙연구원 제공

자주 찾는 부동산 용어

도로

일반적으로 두 지점 간에 사람과 물자를 경제적으로 이동시키기 위하여 합리적으로 설치한 지상의 시설을 말한다.

도로는 일반인의 교통을 위하여 제공되는 시설로서 「건축법」, 「국토의 계획 및 이용에 관한 법률」, 「도로법」, 「사도법」 등의 다양한 법률에서 각각의 법률 제정 취지에 맞게 차이를 두고 구분되어 운영되고 있다.

「건축법」에 의한 도로는 보행과 자동차 통행이 가능한 너비 4m 이상의 도로로서 다음의 어느 하나에 해당하는 도로나 그 예정도로를 말한다. 원칙적으로 건

축물의 대지는 2m 이상의 도로에 접하여야 하며, 연면적의 합계가 2천㎡(공장은 3천㎡) 이상인 건축물의 대지는 너비 6m 이상의 도로에 4m 이상 접하여야 한다.

① 「국토의 계획 및 이용에 관한 법률」, 「도로법」, 「사도법」, 그 밖의 관계 법령에 따라 신설 또는 변경에 관한 고시가 된 도로

② 건축허가 또는 신고 시에 특별시장·광역시장·도지사·특별자치도지사 또는 시장·군수·구청장이 위치를 지정하여 공고한 도로

「국토의 계획 및 이용에 관한 법률」에 의한 도로는 다음과 같이 사용 및 형태, 규모 및 기능별로 구분한다. 도로는 기반시설 중 교통시설의 하나이며, 반드시 도시·군관리계획으로 결정하여 설치하여야 한다.

① 사용 및 형태별 구분

- 일반도로: 폭 4m 이상의 도로로서 통상의 교통소통을 위하여 설치되는 도로
- 자동차전용도로: 특별시·광역시·특별자치시 ·특별자치도·시 또는 군 내 주요 지역 간이나 시·군 상호 간에 발생하는 대량교통량을 처리하기 위한 도로로서 자동차만 통행할 수 있도록 하기 위하여 설치하는 도로
- 보행자전용도로: 폭 1.5m 이상의 도로로서 보행자의 안전하고 편리한 통행을 위하여 설치하는 도로
- 자전거전용도로: 하나의 차로를 기준으로 폭 1.5m(불가피한 경우는 1.2m) 이상의 도로로서 자전거의 통행을 위하여 설치하는 도로
- 고가도로(高架道路): 특별시·광역시·특별자치시·특별자치·시 또는 군내 주요지역을 연결하거나 특별시·광역시·특별자치시·특별자치·시 또는 군 상호 간을 연결하는 도로로서 지상교통의 원활한 소통을 위하여 공중에 설치하는 도로

- 지하도로: 특별시·광역시·특별자치시·특별자치·시 또는 군 내 주요지역을 연결하거나 특별시·광역시·특별자치시·특별자치·시 또는 군 상호 간을 연결하는 도로로서 지상 교통의 원활한 소통을 위하여 지하에 설치하는 도로(지하 공공 보도시설 포함). 다만, 입체교차를 목적으로 지하에 도로를 설치하는 경우는 제외한다.

② 규모별 구분

- 광로: 1류(폭 70m 이상), 2류(폭 50m 이상 70m 미만), 3류(폭 40m 이상 50m 미만)
- 대로: 1류(폭 35m 이상 40m 미만), 2류(폭 30m 이상 35m 미만), 3류(폭 25m 이상 30m 미만)
- 중로: 1류(폭 20m 이상 25m 미만), 2류(폭 15m 이상 20m 미만), 3류(폭 12m 이상 15m 미만)
- 소로: 1류(폭 10m 이상 12m 미만), 2류(폭 8m 이상 10m 미만), 3류(폭 8m 미만)

③ 기능별 구분

- 주간선도로: 시·군 내 주요지역을 연결하거나 시·군 상호 간을 연결하여 대량의 통과교통을 처리하는 도로로서 시·군의 골격을 형성하는 도로
- 보조간선도로: 주간선도로를 집산도로 또는 주요 교통발생원과 연결하여 시·군 교통의 집산 기능을 하는 도로로서 근린주거구역의 외곽을 형성하는 도로
- 집산도로: 근린주거구역의 교통을 보조간선도로에 연결하여 근린주거구역 내 교통의 집산 기능을 하는 도로로서 근린주거구역의 내부를 구획하는 도로
- 국지도로: 가구(도로로 둘러싸인 일단一團의 지역)를 구획하는 도로

• 특수도로: 보행자전용도로·자전거전용도로 등 자동차 외의 교통에 전용되는 도로

「도로법」에 의한 도로는 일반인의 교통을 위하여 제공되는 도로로서, 종류는 다음과 같으며 그 등급은 열거한 순위와 같다.

① **고속국도**: 자동차교통망의 중축 부분을 이루는 중요한 도시를 연락하는 자동차 전용의 고속교통에 제공되는 도로로서 「고속국도법」에 따라 그 노선이 지정된 것을 말한다.

② **일반국도**: 중요 도시, 지정항만, 중요 비행장, 국가산업단지 또는 관광지 등을 연결하며 고속국도와 함께 국가 기간도로망을 이루는 도로로서 「도로법」에 따라 그 노선이 지정된 것을 말한다.

③ **특별시도·광역시도**: 특별시 또는 광역시 구역에 있는 자동차 전용도로, 간선 또는 보조 간선 기능 등을 수행하는 도로 등으로서 특별시장 또는 광역시장이 그 노선을 인정한 것을 말한다.

④ **지방도**: 지방의 간선도로망을 이루는 도청 소재지에서 시청 또는 군청 소재지에 이르는 도로 등으로서 관할 도지사 또는 특별자치도지사가 그 노선을

인정한 것을 말한다.

⑤ **시도**: 시 또는 행정시에 있는 도로로서 관할 시장이 그 노선을 인정한 것을 말한다.

⑥ **군도**: 군에 있는 군청 소재지에서 읍사무소 또는 면사무소 소재지에 이르는 도로 등으로서 관할 군수가 그 노선을 인정한 것을 말한다.

⑦ **구도**: 특별시나 광역시 구역에 있는 도로 중 특별시도와 광역시도를 제외한 구 안에서 동 사이를 연결하는 도로로서 관할 구청장이 그 노선을 인정한 것을 말한다.

「사도법」에 의한 사도(私道)는 「도로법」에 의한 도로(고속국도, 일반국도, 특별시도·광역시도, 지방도, 시도, 군도, 구도)나 「도로법」의 준용을 받는 도로가 아닌 것으로서 그 도로에 연결되는 길을 말한다.

사도는 관할 시장 또는 군수의 허가를 받아 개설하고 사도를 설치한 자가 관리한다.

<출처: 국토교통부, 토지이용규제정보서비스 용어사전>

2. 투자 핵심 지표

핵심지표는 인구

투자를 하면서 많은 사람이 제일 기대하는 것이 대박의 꿈이다. 자신이 투자한 금액이 몇 배를 넘어 몇십 배의 가치로 돌아오기를 바라며 투자를 한다. 하지만 큰 수익률을 낼 수 있다는 기대감으로 투자를 하여 기대만큼의 수익을 본 사람은 많지 않고 대부분이 기대 이하의 수익률 또는 손실을 본 경우가 주변에 많다.

어떻게 하면 투자 리스크를 줄이면서 큰 수익을 낼 수 있을까? 땅값 상승 요인은 개발 호재, 교통 여건, 교육 및 문화 인프라, 입지 등 여러 가지이지만 가장 핵심 지표는 인구다. 땅에 투자를 할 때는 무엇보다 인구 증가와 비례하여 땅값이 상승하기에 인구 유입력을 평가한 후 투자해야 한다. 농촌이나 어촌의 사람 수는 계속 줄고 있어 땅값 상승률도 낮은 반면, 도시지역, 특히 도시화가 집중된 지역의 땅값은 몇억을 호가한다. 서울 명동의 평균 땅값이 전국에서 제일 비싼 것은 명동 땅을 밟고 다니는 인구가 많기 때문이다.

개발의 상징인 강남의 발전도 인구 증가와 함께했다. 1970년부터 1999년까지 30여 년 동안 서울 인구는 550만 명에서 1,030만 명으로 두 배 정도 늘었다. 이 중 강북 인구가 430만에서 520만 명으로 1.2배 정도 증가한 데 비해 강남 인구는 120만 명에서 510만 명으로 4.25배 증가했다. 인구 증가와 더불어 강북지역의 땅값은 15배 정도 올랐지만 강남 지역 땅값은 200배 이상 올랐다. 인구 유입력이 땅값을 반영하는 핵심 지표임을 알 수 있다.

땅에 인구가 많다는 것은 그들에게 필요한 학교, 쇼핑센터, 일자리, 편의시설을 갖추기가 용이하다는 것이다. 강남도 처음에는 정부의 기대만큼 발전이 되지 않았지만 싼 가격을 활용해 압구정 현대아파트, 대치동 은마아파트 등이 건설되고 강북의 명문학교가 이전해 오고 많은 기업들이 강북에서 강남으로 이동하면서 인구가 유입되어 폭발적인 발전을 했다.

인구 유입력

내 땅을 밟는 사람 수가 곧 땅값이기에 투자 예정 지역의 고정 인구와 유동 인구를 잘 분석해야 한다. 최근 투자처로 인기를 끌고 있는 역세권 땅도 인구 유입력을 고려해서 투자를 해야 한다. 비슷한 시기에 개통한 경춘선과 중앙선 역세권을 분석해 보면 경춘선 역세권 땅이 중앙선 역세권 땅보다 비싸다. 중앙선 라인보다는 경춘선 라인에 인구 유입이 잘 되어 나타난 결과이다. 과거의 데이터를 보아도 인구 이동이 활발했던 경부선 라인이 호남선 라인보다 비싸다. 한국에서 인구가 가장 많이 모여 살고 있는 경기도도 북부 지역보다는 남부 지역 땅이 훨씬 비싼데, 이것 또한 인구 유입력의 차이를 잘 보여주고 있다.

인구에 대한 이해는 땅값을 이해하는 중요한 지름길이 되기에 땅 투자를 할 때 투자 지역 인구 유입력이 얼마나 되는지를 분석하거나 전문가의 자문을 얻어 투자하면 성공할 확률이 높아진다.

3. 인구를 증가시키는 개발 호재

다양한 개발 호재를 타고 땅값이 오른다. 신도시 개발, 사회간접자본(SOC: Social Overhead Capital, 도로, 항만, 철도 등 생산활동에 직접적으로 사용되지는 않지만 경제활동을 원활하게 하기 위해서 꼭 필요한 사회기반시설), 대기업 투자, 관광단지 조성 등 개발 호재에 따라 가격 상승폭이 달라진다.

1) 신도시 개발

가장 대표적인 개발 호재다. 대한민국 경제 발전과 더불어 신도시가 개발되고 확장되었다. 강남, 분당, 일산, 용인, 판교, 동탄, 위례, 평택 등 신도시 개발을 통해 땅값이 치솟고 수많은 벼락부자들이 탄생했다.

강남 개발

제일 먼저 강남대로가 개발되고 이어서 테헤란로와 기타 지역이 개발되었다. 강남의 개발 역사는 대한민국 경제 발전과 같이 진행되었다. 우리나라가 경제 발전을 시작한 시기는 1960년대다. 1961년 경제개발 5개년 계획이 수립되고 1962년 시행되면서 급속하게 산업화가 이루어졌다. 농촌의 인구가 도시로 이동하여 급속하게 도시화가 이루어졌다. 대한민국은 국토가 좁고 토지가 한정되어 있어 도시화가 이루어지면 경제개발에 활용될 토지가 부족해지고, 이로 인해 토지의 희소성이 생겨 도심 지역을 중심으로 가격이 폭등하기 시작하였다.

제3한강교, 즉 한남대교가 개통된 1969년으로 돌아가 보자. 한남대교가 개통되고 경부고속도로와 연결되면서 강남이 개발되기 시작하였다. 1968년 경부고속도로 건설을 발표하기 전 1965년 한남대교 건너 신사동 일대 땅값이 평당 100~200원이었다. 고속도로 건설을 발표하고 나서 2~3천 원으로 상승하였고 개통 후에는 6천 원 정도 하였다. 그리고 실제로 경부고속도로 개통 후 1만 2천 원 정도 하였으며 1970년대 초반 신사동 일대 땅값이 2~3만 원 하였다.

현재 1972년 건설된 강남대로 주변의 땅 1평의 가격은 3~5억 정도 한다. 사람들이 몰려오기 시작하고 강북 학교들이 이전 온다는 소문이 나던 시기, 즉 도시화가 막 시작될 무렵 강남에 투자하였다면 어땠을까?

강남 신사동, 서울특별시 제공

강남 사거리, 역사문화박물관 제공

테헤란로 개발

테헤란로 역사를 보자. 테헤란로는 강남역에서 시작하여 역삼역, 선릉역을 거쳐 삼성역에 연결된다. 여기를 넘어가면 잠실이다. 애초 이름은 삼릉로였다. 1960년에 국교를 맺은 이란 외교 장관이 1977년에 방문했는데, 자매결연 기념으로 이란의 수도 이름인 테헤란로로 바꾼 것이다. 또한 이란의 수도에 있는 도로도 서울로로 명명하며 상호 신뢰관계를 구축하였다.

테헤란로가 본격적으로 개발된 시기가 88올림픽 때다. 올림픽 주경기장인 잠실 종합운동장이 건설되고, 르네상스, 인터콘티넨탈 호텔이 들어왔으며 아시아 각국 정상들 회의를 하기 위한 아셈 타워가 생겼다. 그러면서 무역센터가 생겼다.

1979년 은마아파트가 들어선 이후 큰 건물들이 듬성듬성 들어서기 시작한 시기가 1988년이다. 올림픽 특수로 큰 건물들이 들어섰고 올림픽이 끝난 후 주택 200만 호 건설 정책에 의해서 분당, 일산 등 신도시가 생겼으며 오피스 빌딩이 밀집되기 시작하였다. 이때부터 개발 호재가 생겼다. 대기업 본사들이 강남으로 이주를 시작하였고 그로부터 인구가 유입되고 도시가 팽창하였다.

처음 은마아파트가 지어졌을 때는 '똥마아파트'란 별명을 얻었는데, 지금은 금마아파트다. 은마가 뜬 이유는 학군이다. 학원가가 형성되고 학원 교육의 중심으로 뜨면서 은마아파트 인기가 고공행진을 했다. 강남과 테헤란로는 10년 차를 두고 개발되었다. 분당 신도시와 어울림을 형성하면서 급성장한 곳이 테헤란로다.

시계를 거꾸로 돌려서 40년 전으로 가보자. 강남이 개발된다고 하여 졸부들이 태어나고 오렌지족이 난무하던 시기 1980년, 그 무렵 테헤란로 주변 지역에 단 한 평이라도 땅을 사 놨더라면….

도시가 팽창하여 이용성이 다양화되면 땅 가격이 오를 거라 예측하고 땅을 사놨더라면 인생이 바뀌었을 것이다.

삼성동, 서울특별시 제공

청담동 개발

1988년 올림픽을 전후로 한 시기에 청담동은 별볼일없었던 강남의 변방이었다. 인사동의 유명한 갤러리들이 임대료가 싼 청담동으로 이사 오면서 청담동 갤러리 길이 형성되고, 그때부터 명품거리가 만들어졌다. 그때 청담동 주택을 사서 살았더라면 지금 부동산 부자가 되어 있을 것이다.

한때 초호화 연예인 집 1, 2위를 자랑했던 가수 조영남 씨의 거주지가 청담동이다. 빌라 구조가 맘에 들고 한강 조망권이 좋아 구입했다고 하나, 실제로는 5층짜리 연립주택을 구입한 후 재개발되어 분양받은 것으로 알려졌다.

청담동, 한국학중앙연구원 제공

청담동이 본격 개발되기 이전 1980년대 중반 사업이 잘 안 되어 강북에서 쫓겨서 청담동으로 온 고객이 있었는데, 그렇게 쫓겨와 싼 가격에 산 집에 살게 되었다. 그때 산 집이 현재 30억이 넘어간다. 이것이 운이다. 재산을 불리는 데는 운도 따라 주어야 한다.

분당과 일산 개발

분당과 일산의 경우 1990년대 초반 농림지역의 전답은 평당 10만 원이면 살 수 있었다. 토지공사는 강력한 수용방법으로 분당과 일산의 농지를 헐값에 강제 매입해 기반시설을 갖추고 93년부터 용지를 필지 분양하였다. 현재 1기 신도시의 성공 모델로 화려한 모습을 뽐내고 있는 두 도시 중 경기 남부를 대표하는 분당과 북부를 대표하는 일산은 처음부터 분당이 약간 높은 분양가로 시작하였다.

그러나 현재는 2배 정도까지 차이가 나는 재미난 현상을 보이고 있다. 분당의 경우는 판교 등 주변 도시와 동반 성장하면서 더욱 큰 숲을 이루었기에 발생한 현상이다.

분당의 최초 분양가는 단독 용지(점포 겸용 포함)는 59~66만, 상업용지 260만 원, 일산은 단독용지 48만, 상업용지 190만이었다. 현재 분당과 일산 내에 평당 천만 원 미만 땅은 없다. 더욱이 상업용지는 4,000~5,000만 원대를 상회하고 있다.

인구 또한 1992년 당시만 해도 20여만 명에 불과했던 고양시가 현재 100만 명을 훨씬 상회한다.

신도시 개발 시기에 농사 짓던 땅이 더 오를 만큼 올랐다며 땅을 사지 않은 사람과 앞으로 더 오를 것이라 예상하고 땅을 산 사람은 5년, 10년 후 자산 가치가 엄청 차이가 났다.

똑같이 월급쟁이 생활을 해도 자산 가치가 어마어마하게 차이가 나게 된다.

케이블 TV 프로그램 '황금알'에서 왕영은은 자기의 친구는 라면 먹고 버스 타가며 아끼고 아껴서 돈이 생기면 신도시 지역 소규모 땅에 계속 투자하여 부자가 되었는데 본인은 투자를 안 했고, 그 친구가 무척 부럽다고 털어놓았다.

분당, 한국학중앙연구원 제공

<u>판교 신도시</u>

2016년 1월까지 TV에서 인기리에 반영되었던 '응답하라 1988' 마지막 엔딩은 주인공 가족이 판교로 이사 가는 장면이다. 이때 이웃들은 "뭐하러 그 촌구석으로 이사 가느냐?" 하며 진심 어린 걱정을 해준다. 처음 신도시가 들어섰을 당시 학교, 병원, 교통 등 주변 인프라 열악으로 강남 사람이 입주를 하지 않아 분당은 미분양의 어려움을 겪었지만 수서-분당 간 도로 개통, 1994년 수서에서 오리까지 3호선 전철 개통으로 강남 중산층이 입주를 시작하며 신도시로 자리매김해 갔다. 드라마 속 성동일 가족처럼 분당에 입주하기에 돈이 부족한 사람들은 판교에 이사를 하였다.

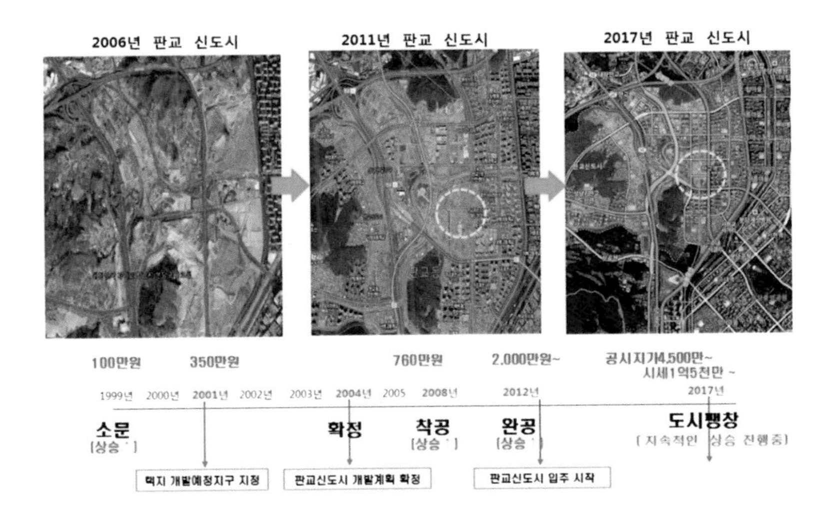

'응답하라 1988'의 시대적 배경인 1988년도에 3~5만 원 하던 판

교 땅이 2003년도에는 평당 3백만 원에 육박하였으며 경기도에서 가장 비싼 땅값을 자랑한 곳도 서현역 AK백화점에서 판교 현대 백화점 자리로 이동했다.

개발지역 땅

강용석 씨는 TV 프로그램에서 자신은 아파트로는 돈을 벌지 못하였지만 땅으로는 재미를 봤다고 하며 다음과 같이 조언하였다.

"부동산 투자의 원칙 중 하나는 우리나라 땅의 용도가 정해져 있는 '국토이용계획에 관한 법'에 따라 도시계획이 5년에 한 번 바뀌니 도시계획 중 보존, 계획관리 지역이 있는데 그게 어디인지 확인해보고 투자하면 된다. 개발지역의 땅만큼 확실하게 크게 오르는 곳이 없기에 투자 가치가 높다"라고 하였다.

1980년대와 90년대에는 쉽게 돈을 벌었지만 지금은 저성장·저금리 시대이기에 선택과 집중이 필요하다. 그러므로 개발지역의 땅을 살펴봐야 한다. 분당, 일산, 용인, 동탄, 판교, 광교, 위례 등 신도시 개발지역 땅이 모두 상승하였다. 앞으로도 개발될 수 있는 지역은 어디에 있나 눈여겨보고 선택할 수 있는 시야가 필요하다.

신도시

광의적 개념의 신도시는 계획적으로 개발된 거주지를 의미한다. 따라서 위성도시(Satellite City)나 교외 침상도시(Bed Town) 등 새로이 개발되는 모도시에 의존적인 도시는 물론 기존의 소도시에 계획적 개발이 행하여진 확장도시까지도 포함하는 경향이 있다.

그러나 협의적 의미의 신도시는 생산, 유통, 소비의 모든 기능을 자족적으로 갖춘 독립도시로서 새로 개발된 것만을 의미한다.

따라서 신도시란 사전에 예정된 기간 안에 특정 지역 범위에 대하여 다양한 사회경제적 활동과 물리적 요소를 계획적으로 개발한 일단(一團)의 지역을 말한다.

「지속가능한 신도시 계획기준」(국토해양부)에서는 신도시를 330만㎡ 이상의 규모로 시행되는 개발사업으로서 자족성, 쾌적성, 편리성, 안전성 등을 확보하기 위하여 국가적인 차원의 계획에 의하여 국책사업으로 추진하거나 정부가 특별한 정책적인 목표를 달성하기 위하여 추진하는 도시로 정의하고 있다.

산업과 경제의 급속한 발전으로 사람들이 살 만한 주택·일터·문화·여가 공간과 도로·철도 등을 위한 땅이 지속적으로 필요하게 되었으며, 이를 해결하기 위하여 수도권을 중심으로 신도시 개발을 시작하였다.

① **수도권 1기 신도시 개발**: 1988년 올림픽 이후 주택난은 부동산 투기와 상승작용하여 주택가격이 폭등하는 등 심각한 사회문제로 대두하였다. 이에 따라 주택 200만 호 건설의 일환으로 수도권에 5개 신도시(분당, 일산, 평촌, 산본 및 중동)를 건설하였다.

② **수도권 2기 신도시 개발**: 제1기 신도시 개발에 대한 비판으로 인해 소규모 분산적 택지개발과 준농림지 개발 허용으로 정책 방향을 선회하였으나, 서울 인근 도시들에서 교통·환경·교육 등 기반시설의 부족과 비용분담문제 등 심각한 사회문제를 야기하였다. 이에 따라 신도시 개발에 대한 사회적 공감대가 형성되어 화성, 판교를 시작으로 수도권 제2기 신도시 개발에 본격적으로 착수하였으며, 제1기 신도시보다 녹지율을 높이고 인구밀도를 줄이는 등 환경용량을 감안하여 친환경적인 도시 개발을 지향하고 있다.

<출처: 국토교통부, 토지이용규제정보서비스 용어사전>

2) 사회간접자본 - 항만

우리나라 경제 상황을 보면 해상을 통한 무역으로 발전했다. 예로부터 물은 재물을 몰고 오고 산은 인재를 몰고 온다. 자손이 출세하려면 산으로 가고 재물을 모으려면 물가로 갔다. 물이 있는 곳에 재물이 많이 흘렀다. 해상무역이 발달한 곳이 잘 산다.

로테르담

네덜란드의 무역 규모는 세계 5위다. 무역 강국이고 교역의 국가다. 네덜란드의 대표항구 로테르담은 유럽 물동량의 70%를 다룬다. 유럽의 관문 네덜란드 로테르담항의 반경 50㎞ 이내에는 전체적으로 배후 업무단지가 형성되어 노는 땅이 하나도 없다. 로테르담은 세계 톱10에 드는 항이다. 항만의 경쟁력이 뛰어나고 항구도시로 발전한 곳이 로테르담이다. 인천 항만공사가 벤치마킹을 해와서 인천항에 적용하고 송도와 청라지구를 개발한 롤모델이 로테르담이다.

홍콩

이곳은 인구 720만이며 서울 면적의 2배 정도의 항구다. 중국과의 아편전쟁으로 승리한 영국이 100년간 지배하다 1997년 반환한 곳이다. 유럽과 아시아를 연결시켜주는 교두보로 영국이 홍콩을 활용하여 무역을 하여 1990년 초반까지 세계 최대항구로 군림하였다. 편리한 시스템으로 물류비 절감, 각종 세제 등 인센티브와 관광 상품 개발로 아시아에서 가장 비싼 땅값을 자랑한다. 홍콩 빅토리아 배후 중심도시 부동산 한 평은 수십억에 달한다. 이곳에 10평만 있으면 평생 먹고 살 수 있다. 홍콩도 개발 초기를 거쳐 발전하였다.

<u>싱가포르</u>

인구 500만 명으로 작은 나라지만 부자 나라로 발전한 원동력은 지리적 위치다. 싱가포르는 동남아시아와 유럽, 서남아시아를 연결하는 중심지이다. 이런 위치적 이점을 활용하여 전 세계 환적 물량을 중심으로 발전하여 '아시아의 교두보' 싱가포르가 되었다. 화물의 입·출입 등 단순기능에 법률, 금융, 관광, 선박 수리 등 다양한 서비스를 결합한 원스톱 기능으로 물류비용을 절감하는 등 복합기능을 갖춘 항이 싱가포르다.

조선업이 세계 1~2위로 발전한 한국조차 배와 관련된 부품은 싱가포르에서 수입할 정도로 항구의 복합적 기능이 탁월한 곳이 싱가포르며 국민 소득도 한국보다 2배가 많은 6만 불 수준이다.

<u>상해</u>

항만을 통한 무역으로 발전하여 현재 2010년 이후 전 세계 물동량 처리 1위로 발전하였다. 도시는 혼자만이 아닌 동반성장을 한

다. 항만과 공항 중심으로 성장한다. 우리나라 임시정부가 있었고 현재는 중국경제성장과 더불어 발전하는 항이다. 금융과 선박 수리, 법률, 관광과 더불어 발전한 항이지만 2000년대 초반에는 별볼일없던 곳이었다. 중국이 경제 발전을 하면서 떠오른 지역이고 가장 커버린 곳이다. 중국이 자유경제 체제를 수용하면서 경제 발전이 시작되었다. 중국은 싼 인건비를 바탕으로 저가상품으로 세계를 공략하였다. '짝퉁'이라는 이미지도 강하다. 지금은 자동차, 전자, 조선이 무척 발전하였다. 그러면서 가장 크게 성장한 곳이 상해항이다. 상해항 배후 도시의 부동산 가격이 무척 올랐다. 궁극적으로 항만 도시이기에 가능한 결과다.

뉴욕

미국 뉴욕의 월가는 최초의 흑인 노예 시장이었다. 무역으로 돈을 모았고 그다음에는 귀금속 거래 등으로 상업도시가 되었다. 미국의 상징인 자유의 여신상이 있는 맨해튼을 인디언들은 24달러에 팔았다. 세계에서 가장 우매한 판매 행위였다. 지금 뉴욕은 얼마나 큰 부가 가치를 가지고 있으며 전 세계 금융을 좌지우지하고 있는가? 뉴욕은 물길 터미널을 통해 발전했다. 물길 터미널 중심으로 돈이 모이고 이곳을 중심으로 팽창해 나간다. 그다음 육지 터미널이 생겼다. 세계 유수 도시가 다 그렇다.

한국은 남쪽으로는 부산항, 서쪽으로는 인천항, 북으로는 원산항이 있었다. 첫 번째 개항한 곳이 부산, 그다음이 원산, 그다음 인천이 개항했다.

부산

부산이 대한민국 제2의 도시가 된 것은 항만이 있어서다. 항만으로 무역이 활성화되고 무역과 관련된 사람이 그 주변에 모였으며, 그렇게 모인 사람들을 위한 교통 여건이 개선되었다. 이런 것들을 가능하게 하는 것이 항이다. 부산항이 양산 쪽에 신항을 만들면서 이 근처 산업단지가 몰렸고 농사 짓던 김해가 배후도심이 되면서 무척 발전하였다.

인천

인천 인구가 2016년 300만 명을 돌파했다. 인천의 발전은 무역이 중요한 교두보 역할을 하였다. 항만 배후 도시가 형성되면서 발전하였다. 인천의 남동공단은 인천항이 있었기에 항만의 배후에서 중소업체의 메카가 된 곳이다. 또한 인천항을 중심으로 수출입길이 열리면서 제조업 가내수공업이 부천에 들어서고 인천이 만들어지고 발전하였다.

평택 당진항

제2의 경제국 중국으로 가는 관문이 대한민국이다. 대한민국 항구 중 입지 여건 중 가장 좋은 곳이 평택 당진항이다. 중국이 경제 발전을 시작하면서 평택 당진항도 발전하였다. 2000년도부터 전국의 기업들이 몰려들기 시작하였고 인구가 유입되고 교통 여건이 개선되었다.

사람이 몰려들면 중심도시가 건설된다. 이를 통해 항만, 배후단지, 도시가 함께 성장한다.

평택항이 커지면 오늘날의 부산항, 홍콩, 싱가포르, 로테르담처럼 업무단지, 배후 도시가 형성되면서 부동산이 변화될 수 있다.

인천항보다는 평택 당진항이 더 커질 수 있다. 인천항은 수심이 얕아 큰 배가 들어오는 데 한계가 있다. 큰 배가 들어 오려면 물을 가두어 수심을 높여 들어오기에 한계점이다. 평택항은 수심이 깊고 시설이 좋아 편하게 접근할 수 있다. 업무, 중심도시 등 인프라가 갖추어지고 있고 세계적인 항만도시처럼 발전해 가기에 투자자들의 관심을 받고 있다.

세계 여러 나라와 한국의 항구도시를 분석해 보니 항만 배후 중심도시 중 상권이 형성되는 곳에 투자하면 부자가 될 수 있다. 상권이 발단된 곳도 처음에는 맨땅부터 시작된다. 개발지에는 많은 미래 기회가 담겨 있기에 다른 지역에 투자하는 것보다 재미를 볼 수 있다.

사회간접자본

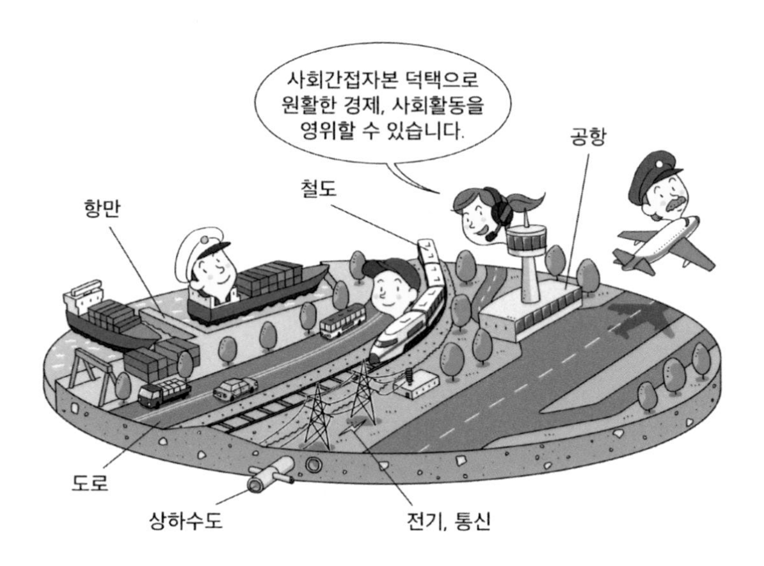

도로·항만·철도 등과 같이 어떤 물건을 생산하는 데에는 직접적으로 사용되지 않지만 생산활동에 간접적으로 도움을 주는 시설을 말한다.

사회간접자본(SOC: Social Overhead Capital)은 기능적 측면에서 정의된 개념으로서 물적 부문뿐만 아니라 비물적 부문까지 포괄적인 내용을 다루고 있으며, 기업의 생산활동과 국민 생활의 편의를 향상시키기 위하여 설치하는 것을 말한다.

이와 유사한 법률적 용어로는 사회기반시설이 있으며, 「사회기반시설에 대한 민간투자법」에서는 사회기반시설을 각종 생산활동의 기반이 되는 시설, 해당 시설의 효용을 증진시키거나 이용자의 편의를 도모하는 시설 및 국민 생활의 편익을 증진시키는 도로, 철도, 항만시설 등의 시설로 정의하고 있으며, 「국가회계기준에 관한 규칙」에서는 사회기반시설을 국가의 기반을 형성하기 위하여 대규모로 투자하여 건설하고 그 경제적 효과가 장기간에 걸쳐 나타나는 자산으로서, 도로, 철도, 항만, 댐, 공항, 그 밖의 사회기반시설(상수도 포함) 및 건설 중인 사회기반시설 등으로 정의하고 있다.

「사회기반시설에 대한 민간투자법」에 의한 사회기반시설은 「사회간접자본시설에대한민간투자법」이 「사회기반시설에 대한 민간투자법」으로 법률의 명칭이 변경(2005.1.27 시행)되면서 종전의 사회간접자본시설이 사회기반시설로 변경된 것이다.

<출처: 국토교통부, 토지이용규제정보서비스 용어사전>

3) 대기업 투자

기업이 어디로 들어가는가를 살펴 그 인접 지역에 투자하는 것이 투자 가치가 높다. 많은 투자가들이 대기업이 투자하는 곳만을 따라 다니며 투자하여 큰 재미를 보았다. 기업이 들어가고 신도시가 만들어 지면서 가장 먼저 이뤄진 것이 도로의 개통과 철도 건설이다. 그 후 여러 인프라가 들어선다. 학교가 들어서고, 유통시설, 병원 등이 들어선다.

삼성동 현대자동차 부지 개발

2016년 대한민국에서 가장 비싼 땅은 명동 8길에 위치한 화장품 판매점 '네이처 리퍼블릭 명동 월드점'이다. 이곳은 2005년 이후 가장 비싼 땅값을 기록하고 있다. 그렇지만 실거래가가 가장 비싼 땅은 삼성동에 위치한 옛 한전부지다. 현대자동차 그룹이 감정가 3조 3천억의 3배가 넘는 10조 5천 5백억 원에 낙찰받으며 실거래가가 가장 비싼 땅 1위가 되었다.

삼성동 현대자동차 부지는 1970년 LH공사로부터 한국전력이 2만 4천 평을 9,275만 원에 구입하였으니 평당 가격으로 환산하면 평당 3,858원이었다. 이것이 한전에서 현대자동차로 2014년 평당 4억 3천 9백만 원에 판매 되었다. 무려 113,789배 상승한 가격이다. 현대자동차 글로벌비즈니스센터 건설로 주변 땅값도 1억 원에서 2

억 원으로 2배 상승하였다. 이것이 땅의 매력이다.

잠실 롯데월드타워

2017년 4월 3일 정식 개장한 123층 잠실 롯데월드타워는 대한민국 랜드마크가 되었다. 빌딩 하나로 수많은 관광객을 유치하여 어마어마한 관광 수입을 얻게 될 것이다.

롯데그룹은 잠실 주변에 땅을 많이 가지고 있다. 롯데는 일본을 벤치마킹하였다. 일본은 1960~1970년 도시 발전을 하였는데, 롯데는 일본의 개발과정을 보고 한국에 투자하기 시작하였다.

일본이 늪지대 등 싼 토지를 구입한 후 개발을 통해 도시화를 하는 것을 보고 잠실과 문정동 일대의 땅을 많이 구입하였다. 또한 2호선 개통 시 잠실역사를 만들어 주고 롯데월드 사업권을 획득하였다. 잠실 개발에 롯데가 크게 기여하고 나서 10년이 지난 후 제2롯데월드를 만들기 위해 엄청나게 작업을 했지만 오랜 시간을 기다려야 했다. 구입에서 완공까지 약 30년의 시간이 걸리긴 했지만, 잠실 제2롯데월드 부지는 1987년 819억 원에 매입한 후 현 주변 시세로 추정한 땅값이 8조 2,000억 원까지 올랐다. 무려 100배의 상승이다.

파주 엘지필립스

개발 이전 파주의 98%는 군사보호시설이라 개발행위가 제한되었다. 그러다 남북화해 모드에 발맞춰서 2000년 1월 21일 접경지역 지원법이 생겼다. 이 지원법을 통해 규제가 완화되어 기업들이 투자를 시작하였다. 대표적인 기업이 엘지필립스다. 엘지필립스가 투자하면서 본격적인 파주 개발이 시작되었다.

2005~2006년도 개발이 진행되면서 반경 3㎞ 반경의 땅값은 5십만 원에서 1백만 원 정도 하였다. 현재는 위치에 따라 다르지만 파주 신도시와 엘지필립스 주변의 땅은 몇백만 원씩 한다. 이것이 개발지역 땅의 가치다.

접경지역지원법이 통과되기 전에 보통은 임야 1만 원, 농토 3만 원 정도 하였다. 대개 한 평당 가격은 성인 남성 하루 인건비이기에 그 당시 평당 3~4만 원 정도 하였다.

접경지역지원법이 통과된 시기에 파주엘지필립스 주변에 투자를 한 사람들은 지금은 엄청 풍요로운 생활을 하고 있을 것이다.

4) 개발 확장지

개발 도시가 팽창할 때 그 주변으로 확장되는 것을 읽을 줄 알아야 한다. 개발의 원조 강남도 1차 강남대로, 2차로 테헤란로, 그다음 개발된 곳은 영동대교로 연결되는 청담동이다. 강남 첫 개발은 강남대로를 중심으로 개발되어 상권이 형성되었다. 부동산 가격은 비즈니스 상권이 들어선 곳이 주도한다. 압구정과 신사동이 개발될 때 가장 변방이었던 곳이 청담동이다. 진정한 투자가는 개발 확장지역에 투자를 한다.

강남 개발 모델을 분당으로 옮겨 보자. 분당이 강남처럼 개발되면서 강남의 중산층이 분당으로 이동했다. 강남과 같은 교육 인프라가 형성되고 수준이 높아지면서 소비가 촉진되었다. 강남 부자들 자녀들이 결혼을 하면서 분당으로 이주했다. 강북의 중산층도 분당으로 이동하여 분당이 커졌다. 분당의 첫 개발은 야탑, 이매, 서현역 중심이었고 그 당시 정자동은 백궁역이었다. 이때 백궁역과 오리역 자리는 허허벌판이었다. 분당이 팽창하면서 정자동에 업무 카페 건물들이 들어섰고 정자동은 주상 복합의 아이콘으로 형성되었다.

시간이 흐르면서 분당이 팽창하여 용인 개발을 이끌어냈다. 용인 개발 이후 화성 동탄, 평택 국제 신도시로 개발축이 이동하며 개발이 되고 있다. 이런 흐름을 읽고 투자하자. 개발확장에도 흐름이 있어 이런 흐름을 읽으며 투자하면 부동산이 재미있어진다.

4. 접근성

지리학자 허드(R.M Hurd)는 "지가는 위치에, 위치는 편리함에, 편리함은 접근성에 의존한다"고 했다. 이처럼 접근성은 부동산 가격 형성의 핵심 요소이다. 경제적 가치가 높고 많은 사람들이 몰려드는 도시도 접근성을 기반으로 형성되고 발전한다. 접근성이 좋은 고속도로 라인을 따라 대도시가 형성되어 발전하였고 철도역세권을 따라 상권이 형성되면서 주변보다 높은 지가를 형성하고 있다.

1) 도로

'땅 팔자는 도로 팔자다'라는 말이 있다. 도로의 접근성이 땅값 형성에 큰 영향을 미친다.

우리나라 첫 고속도로는 경부고속도로다. 경부고속도로를 경제 동맥으로 삼아 본격적인 경제 개발이 시작되면서 수많은 기업과 인구가 경부고속도로 라인으로 몰려들었고 이 지역의 땅값도 다른 지역보다 크게 올랐다. 수도권을 살펴보자. 경부고속도로가 시작되는 강남이 제일 먼저 개발되었다. 반포IC가 생기면서 고속 터미널이 생기고 그 주변에 주거단지가 형성되었다. 서초IC 근처로 중앙법원이 들어와서 택지가 개발되고 교대 주변 상권이 형성되었다. 법원 중심으로 법률 관련 서비스가 많이 들어왔다.

양재IC 주변을 살펴보자. 양재는 1970~1980년대 서울의 변방이자 관문이었다. 서울이 커지기 시작하면서 많은 기업들이 자리잡기 시작했다. 현대 및 기아자동차 본사가 있고 우면산 터널 중심의 개발제한 구역 내에 삼성, 엘지 등이 자리 잡은 연구단지가 들어섰다. 기업들이 들어가면서 양재동 상권이 만들어졌다. 양재가 팽창되면서 판교IC 주변이 개발되었다. 판교IC 중심으로 분당과 판교 신도시가 들어갔다. 판교IC 다음은 신갈IC다. 수원신갈IC에 수지 죽전지구가 들어가면서 용인개발이 본격화되었다. 살아서 진천, 죽어서 용인이란 말이 있다. 이처럼 용인은 명당이기에 정·재계 사람들이 땅을 많이 가지고 있었다. 묘지를 없애고 그 자리에 개발된 곳이 용인 동백지구다.

수지, 죽전지구가 본격 개발된 후 개발된 곳이 기흥IC 주변이다. 기흥에 삼성이 있다. 그 옆에 동탄IC가 있다. 2기 신도시는 베드타

운이 아닌 자족기능을 갖춘 도시로 개발했다. 이렇게 해서 탄생한 것이 동탄 신도시다. 오산IC 바로 밑이 안성IC다. 오산을 넘어 안성까지 오면 평택 제천 고속도로가 있다. 여기에 평택 고덕 국제신도시가 형성되었다.

IC 주변 투자

수도권 이외의 지역인 대전, 대구, 부산도 모두 경부고속도로 라인에 위치해 있다. 고속도로 IC가 새로 생기면 접근성이 좋아져 IC를 중심으로 대기업 및 협력 업체들이 들어오고 지가가 오르고 투자의 바람이 불기 시작한다.

1988년 착공 들어간 외곽순환도로는 급증하는 수도권 교통을 분산시키고, 특히 분당·일산·평촌·산본·중동 등 1기 신도시 건설에 따른 교통난을 해소하기 위해 건설되었다. 외곽순환도로의 접근성을 활용하여 신도시가 성공적으로 개발되고 이 지역에 땅을 소유했던 지주들이 큰 혜택을 보았다.

서울에서 유일하게 아파트 가격이 늦게 오른 곳이 노원구다. 북쪽에서 서울로 처음으로 진입하는 도로가 외곽순환도로 라인이다. 외곽순환도로 중 제일 늦게 개통한 곳이 사패산 터널이다. 사패산 터널 공사 시 불교계와 환경단체의 공사 반대로 인해 막대한 경제적 손실을 입었다. 2007년에 사패 터널이 뚫린 후 의정부와 노원구 아파트가 상승하기 시작하였다. 그 이전에는 동부간선도로를 통하지 않고서는 노원구로 넘어갈 수 없는 교통불편으로 가격이 크게 오르지 않았다. 교통 여건은 부동산 가격에 큰 영향을 준다.

2) 철도

현대의 대표적인 교통 수단은 자동차이지만 자동차 이전 교통의 핵심은 철도였다. 18세기 후반에 철도가 발명되면서 영국이 세계를 지배하기 시작하였다. 철도는 물류와 문화의 교류다. 철도로 영국이 100년 동안 세계를 지배하였다. 교통 여건이 개선된다는 것은 기업과 인구가 유입된다는 것을 의미한다.

철도를 활용한 접근성은 인구 유입을 창출하고 이를 통해 철도 라인을 따라 도시가 발전하며 특히 철도 역사가 들어선 역세권은 인구와 경제 활동을 활성화시켜 지가를 끌어올린다. 지방의 작은 역사 앞 상업지라도 지가는 평당 이천만 원 이상이 된다. 수도권 역세권은 몇천만 원에서 몇억 원이 넘는다. 여러분이 살고 있는 지역의 지가를 다리품을 팔아 한번 알아보라. 평균적으로 역 주변의 땅값이 제일 비쌀 것이다.

가장 비싼 임대료

2016년 12월 민간 자본이 투자된 SRT(Super Rapid Train)가 개통되었다. SRT의 출발지인 수서역 근처에 개발이 활발히 진행되면서 서울의 변방에서 '제2의 서울역'이라는 애칭을 받을 정도로 위상이 높아졌다. 수서 다음 역이 동탄이다. 동탄은 예전에는 외지였는데, 아파트가 어마어마하게 만들어졌다. 기업이 들어가고 신도시가 들어서니까 10년 전에는 5~10만 원 하던 땅이 신도시 발표 후 30~50만 원이 되고, 신도시가 착공되니까 100~200만 원으로 오르고, 10년 지난 지금은 1,000~1,500만 원이 되었다. 동탄 다음 역이 평택의 지제역이다. 삼성전자가 세계 최대의 반도체 공장을 지제역세권에 짓고 있는데 아직 그 주변은 논밭이다. 기존 번화가인 평택역 상권의 AK백화점이 있는 곳이 가장 비싼 임대료를 기록하는 것이 아니라 지제역 근방 논두렁에 있는 곳이 가장 비싼 상가 임대료를 기록하고 있다. 이것이 접근성이 가져오는 힘이다.

철도

여객 또는 화물을 운송하는 데 필요한 철도시설과 철도차량 및 이와 관련된 운영·지원체계가 유기적으로 구성된 운송체계를 말한다.

철도는 다음과 같이 고속철도, 도시철도, 일반철도로 구분한다.

① **고속철도**: 열차가 주요 구간을 시속 200㎞ 이상으로 주행하는 철도로서 국토해양부 장관이 그 노선을 지정·고시하는 철도를 말한다.

② **도시철도**: 도시교통의 원활한 소통을 위하여 도시 교통권역에서 건설·운영하는 철도·모노레일·노면전차·선형유도전동기·자기부상열차 등 궤도에 의한 교통시설 및 교통수단을 말한다.

③ **일반철도**: 고속철도와 도시철도를 제외한 철도를 말한다.

철도 중 철도시설은 「건축법」에 의한 용도별 건축물의 종류상 운수시설에 해당한다.

「국토의 계획 및 이용에 관한 법률」에서는 철도를 철도, 도시철도 및 한국철도시설공단·한국철도공사의 사업시설로 규정하고 있으며, 철도는 기반시설 중 교통시설의 하나에 해당하고 반드시 도시·군관리계획으로 결정하여 설치하여야 한다.

철도시설인 철도역은 제1종 전용주거지역, 보전녹지지역 및 보전관리지역 외의 지역에 설치하여야 한다.

<출처: 국토교통부, 토지이용규제정보서비스 용어사전>

역세권 투자 활성화

정부는 '역세권을 체계적이고 효율적으로 개발하기 위하여 필요한 사항을 정함으로써 역세권의 개발을 활성화하고 역세권과 인접한 도시환경 개선에 이바지'하려는 목적으로 2010년 4월 15일 '역세권 개발 및 이용에 관한 법률'을 공포, 10월 16일부터 시행하고 있다. 역세권개발사업은 역세권개발구역에서 철도역 및 주거·교육·보건·복지·관광·문화·상업·체육 등의 기능을 가지는 단지조성 및 시설설치를 위하여 시행하는 사업으로 이 법률 시행 전 대부분의 역세권은 강제 수용 방식으로 개발되었지만 이 법률 시행 이후에는 핵심 시설만 수용 방식으로 개발되고 기타 지역은 환지 방식으로 변경이 되었다. 이로 인해 많은 투자자들이 투자 목적으로 적극적으로 투자를 하기 시작했다.

역세권 개발 및 이용에 관한 법률 발표 이전에 개통한 중앙선과 경춘선 건설 때에도 수많은 사람들이 신설 역사 주변에 투자를 했다. 하지만 역세권은 국가가 수용하여 개발하였기에 개발지 인근 임야 중심으로 투자를 했고, 그러다 보니 별 재미를 보지 못하고 있어 거래마저도 힘든 상황이다. 이런 지역에 큰 기대를 가지고 투자한 사람들은 기대가 컸던 만큼 실망이 커서 토지 투자를 외면하는 현상까지 발생했다.

하지만 2011년 이후에 개발 보상이 이루어진 신분당선이나 경강선 역세권에 투자한 사람들은 철도 개통과 더불어 투자 금액 대비 몇 배에서 몇십 배 가격 상승이라는 큰 재미를 봤다. 투자를 할 때는 정확히 알고 투자를 해야 후회가 없는 법이다.

역세권

역을 중심으로 다양한 상업 및 업무활동이 이루어지는 세력권을 의미하며, 역을 이용하는 주민의 거주지, 상업지, 교육시설의 범위를 나타낸다.

「역세권의 개발 및 이용에 관한 법률」에 의한 역세권은 철도역과 그 주변 지역을 말하며, 역세권의 범위에 대해서는 구체적으로 정의되어 있지 않으나 보통 철도(지하철)를 중심으로 500m 반경(半徑) 내외의 지역을 의미한다.

그 외에도 역까지의 경로와 실태, 다른 교통수단과의 관계, 역의 시설 등을 고려해야 한다.

<출처: 국토교통부, 토지이용규제정보서비스 용어사전>

5. 도시화 시너지

투자에도 원리가 있다. 개미들이 주식투자로 돈을 못 버는 이유는? 꼭짓점에 투자하고 하락할 때 팔게 되기 때문이다. 현대자동차, 중공업 등 우량주를 개미들은 꼭짓점에 투자하여 손실을 본다. 개미들은 남들이 움직일 때 움직이고, 투자자들은 미리 움직여 단물을 빨아먹고 나간다. 개미들이 들어올 때 투자자들은 팔고 나간다.

개발지역 학습효과

1960~1970년대 90%가 농민들이었다. 산업화 정책에 의해서 농촌 인구가 보다 나은 먹거리를 찾아 도시로 이동하는 이농 현상이 발생하면서 도시화가 이루어졌다. 경제개발 효과로 농촌에서 서울 강북으로 인구가 엄청나게 유입되어 배후 도시가 필요하게 되어 강

남을 개발하였고 그 이후 북쪽으로는 상계 신시가지, 서쪽으로는 목동, 동쪽으로는 고덕 신시가지가 건설되었다. 이런 지역을 중심으로 가격이 폭등하기 시작하고, 경제가 발전되고 인구가 수도권으로 몰리게 되었다.

88올림픽을 계기로 국민소득이 1만 불, 2만 불로 올라가면서 중진국에 진입하였다. 인구 분산을 위해 1기 신도시를 조성하기 시작하였다.

강남과 목동, 고덕이 개발될 때는 잘 몰랐지만 1기 신도시가 건설되고 아파트가 들어서면서 그 주변 땅값이 뛰기 시작함을 알기 시작하였다. 땅을 가지고 있는 자와 없는 자는 5년 후 엄청 차이가 남을 알게 되었다. 이런 학습 효과를 준 것이 1기 신도시였다.

이런 학습효과로 인해 2기 신도시 개발이 시작되자 투자자들은 개발 지역 주변에 투자를 하기 시작하였다. 언론에 보도되는 이미지로 인해 2기 신도시 개발 이전만 해도 땅 투자는 고위 공직자들이 개발 정보를 활용해서 미리 하는 투기 수단이라는 이미지가 강했다. 이런 이미지를 없애기 위해 국토종합개발 계획을 공유할 수 있도록 대중에게 나누어 주었다. 이로 인해 2기 신도시에는 일반인들이 엄청 투자를 시작하였다.

도시화 지역 가격 폭등

제1기 신도시와 2기 신도시 개발 경험을 통해 사람들은 개발초기에서 성장기로 넘어가는 단계에 투자를 해야 가장 큰 효과를 본다는 것을 알게 되었다. 이 과정이 도시화 과정이다. 돈을 벌 목적으로 개발지에서 도시화가 되는 시기에 들어가야 빅뱅이 일어난다. 도시화가 이루어지면서 도시화가 될 가용 토지가 부족해지고 수요가 증가하면서 가격이 올라간다. 개발이 가속화되니까 도시화 중심지역은 가격이 폭등한다. 이것이 땅의 속성이고 땅의 역사다. 이 과정에서 땅을 가진 자에게 막대한 부를 안겨 주는 것이다. 땅 가진 사람들은 사회적인 지위와 경제 지위를 확보하자 땅을 사고 싶은 마음이 더 생긴다. 땅을 가진 사람들이 더 가지게 되는 이런 현상과 원리를 알고 이해해야 한다.

결국 개발이 완성된 서울의 강남은 투자 가치가 없다. 2억짜리 땅이 10년 안에 4억 되기는 힘들다. 도시화 과정에서 땅값이 상승하고 도시화 과정 중에 있는 지역이 투자 가치가 있다. 투자 후 기다림의 시간을 통해 가격이 상승한다는 확신이 있으면 투자한다.

개발계획, 착공, 진행, 완공 이 과정을 거쳐서 성숙기 단계로 넘어오면 사람의 중장년 시기에 해당한다. 강남, 분당, 일산, 평촌의 땅 들이 성숙기 단계다. 성장기 단계에 있는 지역은 판교다. 2009년 입주하기 시작하였고 2019년, 2020년이 되면 성숙기 단계에 진입하게 될 것이다. 판교 신도시 주변에도 투자 매력이 있다. 도시화

되는 지역 언저리에 땅을 산 사람도 큰돈을 벌게 된다.

도시화되는 지역이 많이 있는데 앞으로 5~10년 후 수도권에서 가장 우위에 있는 지역이 화성과 평택이다. 약 17년 전 2000년 용인 인구는 34만 명이었다. 현재는 100만 명으로 급성장했다. 2000년부터 2010년까지 용인 인구가 50만 명 유입되면서 가장 가파르게 상승하였다. 15년 전부터 용인이 발전하면서 수지, 기흥, 동백지구, 보라지구, 죽전지구, 상현지구, 성복지구, 신봉지구가 다 이루어졌다. 이렇게 발전한 용인을 가장 닮아가는 곳이 화성이다. 화성 인구는 2000년 초반 20~30만 명에서 2017년 3월 말 기준 65만 5천 명으로 늘었다.

투자 포인트를 잡을 때 착공을 시작한 시점부터 10~15년 동안 가격 상승이 제일 높다. 대한민국에서 도시화가 되는 땅은 어디나 가격이 오른다. 분당, 세종시, 판교 신도시처럼 개발될 곳이 무궁무진 많다. 성숙기 이전 개발단계, 즉 도시화 단계에 투자하는 현명함을 갖자.

도시지역

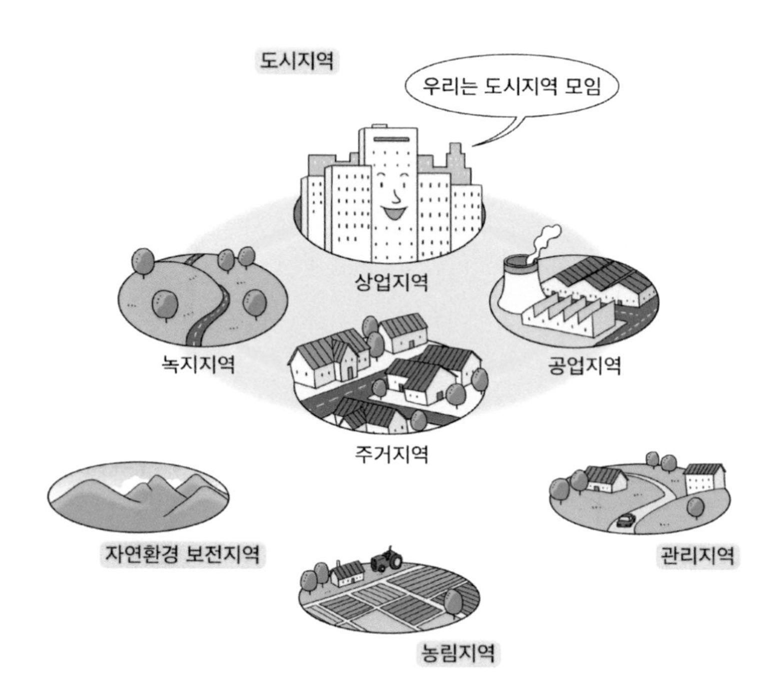

인구와 산업이 밀집되어 있거나 밀집이 예상되어 그 지역에 대하여 체계적인 개발·정비·관리·보전 등이 필요한 지역으로서 「국토의 계획 및 이용에 관한 법률」에 따라 도시·군관리계획으로 결정·고시된 지역을 말한다.

도시지역은 도시·군기본계획상 시가화 용지로 지정된 지역, 도시·군관리계획에 따라 해당 지역의 개발·정비·관리·보전 등을 시행하였거나 시행할 지역(지구

단위계획구역은 제외)을 대상으로 지정한다.

도시지역은 「국토의 계획 및 이용에 관한 법률」에 의한 용도지역 중의 하나이며, 주거·상업·공업기능 제공과 녹지 보전을 위하여 다음과 같이 구분하여 지정한다.

① **주거지역**: 거주의 안녕과 건전한 생활환경의 보호를 위하여 필요한 지역
② **상업지역**: 상업이나 그 밖에 업무의 편익을 증진하기 위하여 필요한 지역
③ **공업지역**: 공업의 편익을 증진하기 위하여 필요한 지역
④ **녹지지역**: 자연환경·농지 및 산림의 보호, 보건위생, 보안과 도시의 무질서한 확산을 방지하기 위하여 녹지의 보전이 필요한 지역

항만구역 및 어항구역으로서 도시지역에 연접한 공유수면, 국가·일반·도시첨단산업단지, 택지개발예정지구, 전원개발사업구역 및 예정구역(수력발전소 또는 송·변전설비만의 설치는 제외)으로 지정·고시된 지역은 도시지역으로 결정·고시된 것으로 보며, 이의 해제가 있는 경우(개발사업의 완료로 해제되는 경우는 제외)로서 관계 법령에서 어떤 용도지역에 해당되는지를 따로 정하고 있지 않은 경우에는 이를 지정하기 이전의 용도지역으로 환원된 것으로 본다.

도시지역에서는 다음의 법률 규정을 적용하지 않는다.

① 「도로법」에 따른 접도구역
② 「고속국도법」에 따른 접도구역
③ 「농지법」에 따른 농지취득자격증명. 다만, 녹지지역의 농지로서 도시·군계획시설사업에 필요하지 아니한 농지에 대해서는 그러하지 아니하다.

<출처: 국토교통부, 토지이용규제정보서비스 용어사전>

PART 3

투자 실행 노하우

1. 목적을 명확히 하자

성공한 사람들은 공통적으로 어떤 일을 하고 어떻게 하는지보다 어떠한 신념으로, 어떠한 목적으로 일을 했는지에 집중했다.

토끼와 거북이가 경주를 하였다. 물속에서 경주를 하였다면 토끼는 경기를 하기도 전에 물에 빠져 죽었을 것이다. 이솝우화에서는 육지에서 경주를 해서 토끼에게 유리했지만 결과적으로 거북이가 이겼다. 굉장히 열악한 환경이고 본인이 불리한 환경에서 경주했는데도 거북이가 승리하였다. 승리에 결정적으로 영향을 끼친 것은 서로의 목적이 달랐다는 점이다. 토끼가 경주하는 목적은 거북이를 이기는 것이었고 거북이가 경주하는 목적은 산꼭대기에 도달하는 것이었다. 목적에 따라 행동하기에 목적이 중요하다.

재테크와 실수요

토지 투자를 할 때도 목적이 중요하다. 토지 투자의 목적은 크게 두 가지다. 재테크 목적과 실수요 목적이다. 이 둘의 접근법은 매우 다르다.

2000년대 초반 땅값이 한창 오를 때 한 선배가 양평의 전원주택용 땅을 좋은 가격에 샀다고 자랑을 하였고, 또 다른 선배는 노후를 위해 개발 호재가 많은 용인 처인구에 땅을 샀다고 했다. 약 10여 년이 지난 현시점에서 양평 땅을 산 선배는 용인 땅을 산 선배를 무척 부러워하고 있다. 양평 땅은 물가 상승률 수준 만큼만 올라 여전히 수십만 원대에 머물고 있지만 용인 땅을 구입한 선배의 땅 가격은 천만 원 가까이 올랐기 때문이다.

땅을 구입할 때 목적에 따라 구매 기준이 달라진다. 재테크용으로 구입하려고 하면 현재보다는 미래 가치를 중점을 두고 고려하기에 무엇보다 인구 유입력을 결정하는 개발 호재, 교통 여건, 도시화 속도 등 큰 그림 중심으로 결정을 하게 되므로 후회할 확률이 적게 된다. 반면 실수요를 목적으로 구매를 할 경우는 미래 가치보다는 현재의 가치, 즉 주변의 환경과 현재의 교통 여건 중심으로 평가한 후 구매를 하게 되므로 시간이 흐른 뒤 후회할 확률이 높아진다.

실수요 목적으로 많이 선택하는 것이 수익형 부동산이다. 서울 지역의 오피스텔이나 기타 수익형 자산의 평균 수익률이 5%대를 지나 4%대를 형성하고 있다. 이에 비해 금리는 3%대 후반까지 올라갔기에 수익형 자산이 주는 만족도는 시간이 흐를수록 기대 이하로 떨어지게 된다. 더욱이 수익형 부동산들은 수익률을 가장 중요한 투자 기준으로 삼았기에 시간이 지나 자산 가치가 토지보다는 훨씬 떨어질 수 있다.

투자 목적을 명확히 하고 바른 방향으로 정해야 미래에 웃을 수 있다.

상업지역

상업이나 그 밖의 업무의 편익을 증진하기 위하여 필요한 지역으로 「국토의 계획 및 이용에 관한 법률」에 따라 도시·군관리계획으로 결정·고시된 지역을 말한다.

상업지역은 「국토의 계획 및 이용에 관한 법률」에 의한 용도지역 중 도시지역의 한 종류이며, 주거지역과 공업지역과의 관련성을 기초로 하여 생활권계획상 중심지역에 생활편익시설, 중심업무시설 등과 연계하여 유기적으로 배치하고 이용의 편리성 및 업무수행의 능률성을 확보하기 위하여 지정하며, 다음과 같이 세분하여 지정한다.

① **중심상업지역**: 도심·부도심의 상업기능 및 업무기능의 확충을 위하여 필요한 지역을 말한다.

- 해당 도시의 모든 지역으로부터 접근이 용이하고 대중교통수단의 이용이 편리한 지역으로서 도시·군기본계획상 도시의 중심지역으로 선정된 지역, 고밀화·고도화에 적합한 지형의 조건과 주차·휴식을 위한 오픈 스페이스 및 기반시설의 확보가 용이하여 신도시의 중심지역으로 개발할 지역 등을 대상으로 지정한다.

② **일반상업지역**: 일반적인 상업기능 및 업무기능을 담당하게 하기 위하여 필요한 지역을 말한다.

- 주간선도로의 교차지점으로서 통과 교통보다 지역 내 교통기능을 수행하는 지역으로서 도시·군기본계획에서 생활권의 중심지로 선정된 지역, 지나친 선적 확산을 억제하고 업무와 서비스기능의 접근성을 유지할 수 있는 최소한의 평탄한 면적이 확보될 수 있는 지역 등을 대상으로 지정한다.

③ **근린상업지역**: 근린지역에서 일용품 및 서비스의 공급을 위하여 필요한 지역을 말한다.

- 주간선도로보다는 보조간선도로에 연접해 있으면서 도시·군기본계획의 생활권 계획상 소생활권의 중심지로 선정된 지역 중 주차·승하차·화물적재에 용이한 지역, 근린생활권의 주민들이 간선도로의 횡단 없이 걸어서 접근할 수 있어야 하며 휴식공간을 함께 입지시키는 것이 용이한 지역 등을 대상으로 지정한다.

④ **유통상업지역**: 도시 내 및 지역 간 유통기능의 증진을 위하여 필요한 지역을 말한다.

• 모든 지역으로부터 접근이 용이하고 승하차·화물적재에 용이한 지역, 대중교통수단의 정류장 및 전철역 등과 종합적으로 개발이 가능한 지역 등을 대상으로 지정한다.

상업지역 안에서 건폐율 및 용적률의 최대한도는 관할 구역의 면적과 인구 규모, 용도지역의 특성 등을 고려하여 「국토의 계획 및 이용에 관한 법률」에서 정하고 있는 기준에 따라 특별시·광역시·특별자치시·특별자치도·시 또는 군의 조례로 정한다.

구분	국토의 계획 및 이용에 관한 법률	
	건폐율	용적률
중심상업지역	90% 이하	400% 이상 1,500% 이하
일반상업지역	80% 이하	300% 이상 1,300% 이하
근린상업지역	70% 이하	200% 이상 900% 이하
유통상업지역	80% 이하	200% 이상 1,100% 이하

상업지역 안에서 건축물의 용도·종류 및 규모 등의 제한은 「국토의 계획 및 이용에 관한 법률 시행령」 별표 8~10에서 정하고 있으며, 특별시·광역시·특별자치시·특별자치도·시 또는 군의 조례에서 구체적으로 정하고 있다.

<출처: 국토교통부, 토지이용규제정보서비스 용어사전>

2. 아는 만큼 보인다

투자를 잘하기 위해서는 흐름을 읽을 줄 알아야 한다. 정치, 경제, 사회적 환경의 변화를 알고 그 속에 담긴 흐름을 알 정도로 꾸준히 공부를 해야 한다. 아는 만큼 보이는 것이 세상의 이치다.

세계 경제의 주역

점점 사회가 빠르게 변해 학교에서 공부한 학력보다는 실생활에서 배운 생활력이 훨씬 더 도움이 되고 있다. 유명한 세계의 갑부들 중 상당수가 유태인이다. 유태인들은 남자 나이 13세, 여자 12세가 되면 '바르 미츠바'라는 성인식을 치르고 이때 친척들로부터 축의금을 받는다고 한다. 이렇게 받은 축의금으로 부모님과 상의해가며 자신의 책임 하에 예금, 채권, 주식으로 투자 운용을 한다. 20세가 넘어 부모로부터 독립할 때는 이 돈이 이미 상당한 가치가 되어서 재산이 늘어나 있고 무엇보다 실전 투자를 통한 경제 감각까지 얻게 된다. 이런 환경이 세계 경제의 주역이 되는 밑바탕이 되었다.

하지만 이런 교육을 받지 못하고 실전 경험을 하지 못한 많은 한국인들은 개미군단에 쉽게 합류한다. 만약 천만 원이 생겨서 투자를 할 경우 싼 주식을 많이 사려고 한다. 1주에 2백만 원하는 삼성전자 주식을 사라고 하면 비싸서 안 산다. 한 주에 몇백 원 몇천 원 하는 주식은 대박의 꿈을 안고 쉽게 구매를 한다.

우리나라에는 코스닥, 코스피 시장이 있다. 코스피는 지수는 100으로 시작하여 2000으로 상승하였고, 코스닥도 100으로 시작하였지만 리스크가 훨씬 크다. 투자 시장은 부익부 빈익빈이다. 될 놈이 되는데 삼성전자 주식은 비싸다고 안 산다. 사람의 심리가 이렇다. 토지도 마찬가지다. 개미들은 싼 땅 찾아 삼만리다. 평당 백만 원 이상 나가는 땅은 비싸서 못 사고, 개발 가능성이 낮은 싼 땅에 투자한다.

현명한 투자

땅 가격 상승의 근본 요인에는 개발 호재가 들어가야 한다. 개발 호재가 없으면 접근성이 생기지 않는다. 꼬불꼬불 올라가는 오솔길 주변에는 수요가 없다. 큰 도로 주변에 수요가 생긴다. 이런 원리를 이해하고 깨우치기 위해서 투자 관련 도서를 읽고 공부를 해야 한다. 공부는 시간이 부족해서가 아니라 노력과 결심이 부족해서 하지 않게 된다.

공부를 하는 방법으로는 관련 뉴스를 꾸준히 찾아 읽고, 책을 찾아 읽는 방법이나 세미나에 참석하는 방법 등이 있다. 공부는 노력의 대가를 돌려주는 매력이 있다. 작심삼일이 아니라 꾸준하게 공부할 수 있도록 정해진 시간에 뉴스를 읽고 정해진 시간에 책을 읽고 주말에는 세미나에 참석을 하면서 공부를 해 나가면 어느 순간 투자에 눈을 뜨게 되고 현명한 투자로 큰 재미를 보게 될 것이다.

3. 다리품을 팔자

사람을 리더십 스타일로 나누면 지혜로운 지장, 덕이 넘치는 덕장, 용맹한 용장으로 분류할 수 있는데 가장 현명한 리더는 지장도 덕장도 용장도 아닌 현장이라는 우스갯소리가 있다. 농담 속에 뼈가 있다고 가벼운 말 속에 진실이 담겨 있다. 투자에서도 현장에 모든 요소가 있기에 현장을 수시로 가 보고 투자 결정을 해야 좋은 투자를 할 수 있다. 처음 투자 물건을 방문하면 땅만 보이지만 한 번 가고 두 번 가면 주변 환경이 보이고 미래의 가치까지 서서히 눈에 들어와 명쾌한 결정을 할 수 있게 된다.

평택 지제역세권에 자그만 땅을 샀는데, 처음 방문했을 때는 사방이 논이고 논 가운데 신축 역사 공사가 진행되고 있어 그 가치를 잘 몰라 망설였다. 그러나 한 달 뒤 다시 가보니 도로 공사를 위한 기초 공사가 진행되는 것이 보였다. 그걸 보니 도로의 라인을 따라 미래에 어떤 상가들이 들어설 것이라는 상상이 되기 시작해 투자 결정을 했다. 땅을 산 이후 수서발 SRT가 개통되었기에 수서에서 표를 끊어 고속열차를 탔더니 수서 출발 후 18분 만에 평택 지제역에 도착하는데, 그리 설렐 수가 없었다. 지제역에 내려 대합실로 올라가서 내 땅을 바라보니 멀리 1번 국도에서 연결되는 도로변에서 나를 반기며 손을 흔들어 주는 땅이 상상이 되어 흐뭇한 미소가 지어졌다. 내 땅 주변에 반드시 버스 정류장이 신설될 것이라는 소망도 품어 보니 벅찬 기쁨이 몰려왔다.

간혹 주변에 땅을 잘못 샀다고 후회하는 지인들이 있는데, 공통적으로 땅을 보지도 않고 산 경우가 많다. 제주도 땅이 전국에서 제일 많이 올랐고 앞으로도 계속 오를 것이라는 말에 현혹돼 물건지에 가보지도 않고 파는 사람 말만 믿고 샀는데, 나중에 살펴보니 맹지라 개발이 언제 될지도 모르고 주변 시세대비 너무 비싸게 샀다고 애통해하는 경우를 몇 번 봤다. 아무리 좋은 개발지 땅이라도 현장을 방문하여 반드시 전체 그림을 그려보고 미래 가치를 따진 다음 투자를 해야 한다.

4. 비전을 활용하자

내가 아는 지인이 "나는 목표한 것을 항상 이룬다"라며 자랑을 하기에 그 비결이 무엇이냐고 물은 적이 있다. 그 사람의 대답은 자신은 목표가 이루어진 모습을 닮은 사진을 구해 지갑과 주머니에 항상 품고 다니고 보이는 곳마다 붙여 놓고 항상 달성된 모습을 상상한다는 것이었다. 이것을 비전 보드 활용이라고 한다. 상상력의 힘은 막강하다. 여러분도 땅으로 부자가 된 모습, 즉 비전을 머리에 마음에 품고 생활하고 주변 보이는 곳마다 비전 이미지를 붙여 놓고 생활해 보라. 반드시 이루어질 것이다.

멋진 전원주택을 갖고 싶은 사람은 앞에 물이 흐르고 뒤에 산이 있어 주변 환경이 아름답고 최고의 건축가가 지은 매력적인 주택에서 생활하는 모습을 상상해 보라. 30억 이상의 빌딩을 통해 월 천만 원의 임대 수익을 버는 월천족에 가입하고 싶은 사람은 빌딩 한 층 한 층의 모습을 강하게 그려보고 그 혜택을 누리는 모습을 상상해 보라. 나는 등산객과 지역 주민이 항상 찾는 수락산 먹자거리에 위치한, 1층에는 음악이 흐르는 편안한 카페와 2층에는 건강을 위한 명상 센터가 있고, 사람들이 편하게 와서 힐링을 하고 갈 수 있는 사랑방 같은 공간을 갖춘 건물주가 되어 직접 운영하는 모습을 상상하고 있다.

미래는 상상하는 사람의 것이라고 한다. 목표가 이루어진 모습, 즉 비전을 상상하는 것만으로도 힘이 나고 일할 에너지가 솟아오른다. 그런 다음 성취동기부여전문가 브라이언 트레이시가 강조한 비전 달성에 도움되는 행동을 매일 같이 지속하면 반드시 비전을 이룰 것이다.

5. 변경되는 정보를 이용하자

경제정의실천시민연합은 "한정된 토지를 재벌과 소수 기득권층이 사유화하고 개발 정보와 각종 정책 정보를 미리 알고 있는 재벌과 상위 1%가 지난 1964년부터 2015년까지 51년간 땅값 상승분 6,702조 원 중 2,551조 원(38.1%)을 불로소득으로 늘렸다"고 비판하고 있다. 이 내용을 잘 살펴보면 상위 1%가 정보를 활용해 막대한 부를 축적했다는 것을 알 수 있다.

롯데는 부동산 투자를 잘하는 기업이다. 롯데가 부동산 투자를 잘하게 된 배경에는 경제 분야에서 대한민국보다 30년 이상 앞선 일본의 발달과정을 본 롯데 신격호 회장이 일본의 도시화 개발과정을 통해 얻은 교훈으로 한국에서 교통 요충지의 논과 밭 등을 구입하여 큰 이익을 낸 것이다. 결국 선진국 부동산 정보가 있어

가능했던 것이다.

파주신도시는 2기 신도시며 2002년부터 개발되기 시작하였다. 제2외곽순환도로 IC 주변에 있다. 1기 신도시 일산이 개발되고 확장되면서, 1997년 인접 지역인 파주 주변에 신도시가 개발된다는 정보가 공무원을 통해 민간인에게 오픈되고, 공무원들도 정보를 활용해서 땅 투기한 것에 연루가 되어 개발이 취소되었다. 그렇지만 2차 신도시를 개발하면서 개발이 취소되었던 운정, 교하지구가 재개발되었다. 개발에 연루된 공무원들은 여러 불이익을 당했지만 개발 정보를 믿고 투자했던 민간인들은 큰 이익을 보았다.

보다 알찬 정보를 얻기 위해서는 우리나라의 종합적이고 장기적인 '국토종합개발계획'을 통해 큰 그림을 확인하고 그다음 하위법인 도종합계획, 그다음 시와 군의 종합계획인 도시기본계획과 도시관리계획과 관련된 정보를 지자체를 방문하거나 관련 홈페이지를 통해 확인하면 된다. 이를 통해 투자할 땅의 미래 가치를 알 수가 있다. 또한 도시기본계획과 도시관리계획은 5년마다 타당성 여부를 재검토하고 수정하기에 변경된 내용을 보고 새로운 정보를 파악할 수 있다. 변경된 정보 속에서 돈 벌 기회를 읽고 투자를 하면 좋다.

꾸준하고 알찬 정보를 얻기 위해 재테크 전문가를 활용하는 것도 좋은 방법이다.

국토계획

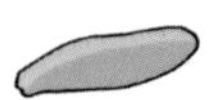

국토를 이용·개발 및 보전함에 있어서 미래의 경제적·사회적 변동에 대응하여 국토가 지향하여야 할 발전방향을 설정하고 이를 달성하기 위한 계획을 말한다.

국토계획은 다음과 같이 국토종합계획, 도종합계획, 시군종합계획, 지역계획 및 부문별계획으로 구분한다.

① **국토종합계획**: 국토 전역을 대상으로 하여 국토의 장기적인 발전방향을 제시하는 종합계획

② **도종합계획**: 도 또는 특별자치도의 관할 구역을 대상으로 하여 해당 지역의 장기적인 발전방향을 제시하는 종합계획

③ **시군종합계획**: 특별시·광역시·시 또는 군(광역시의 군은 제외)의 관할 구역을 대상으로 하여 해당 지역의 기본적인 공간구조와 장기발전방향을 제시하고, 토지이용·교통·환경·안전·산업·정보통신·보건·후생·문화 등에 관하여 수립하는 계획으로서 「국토의 계획 및 이용에 관한 법률」에 의하여 수립되는 도시·군계획

④ **지역계획**: 특정한 지역을 대상으로 특별한 정책 목적을 달성하기 위하여 수립하는 계획

⑤ **부문별계획**: 국토 전역을 대상으로 하여 특정 부문에 대한 장기적인 발전방향을 제시하는 계획

<출처: 국토교통부, 토지이용규제정보서비스 용어사전>

6. 코치를 두자

2009년 구글의 대표이사 에릭 슈미트는 《포춘》 지와의 인터뷰에서 "코치를 고용하라"가 자신이 받은 인생의 최고의 조언이었다고 얘기했다. 《포춘》 지 선정 500대 기업 CEO 중 50% 이상이 코칭을 받고 있을 정도로 최고의 리더들도 코치를 활용하여 자신의 리더십을 향상시키고 있다. 한때 골프를 가장 잘 쳤던 타이거 우즈도 코치를 두고 골프 자세를 코칭 받았다. 세상이 워낙 빠르게 변하기에 혼자서 다 할 수 없는 환경이 되었다. 비즈니스가 되었든 투자가 되었든 이제는 다른 사람의 조언이 필수가 되었다.

국내외적으로 많은 코치들이 활동하고 있지만 본 서에서 의미하는 코치는 코치협회에서 정의하고 있는 코치보다는 자신에게 도움이 되는 다양한 조언을 하는 사람, 즉 멘토, 선생님, 컨설턴트 등을 총칭한다.

고민거리를 친구에게 털어놓으며 스스로 답을 깨우친 경험을 다 해보았을 것이다. 혼자만의 생각에 머물러 있으면 활동력도 떨어지고 올바른 방향을 잡기가 힘들다. 주변의 사람들을 코치로 생각하고 의견을 묻되 가능하면 실패한 사람보다 성공한 사람을 코치로 활용하고 전문 식견을 갖춘 사람을 활용하면 더 큰 도움을 받을 수 있다. 코치를 활용하는 선진 문화를 적극 활용해 보자.

7. 레버리지를 활용하자

선택은 삶에 있어 매우 중요하다. 성공하지 못한 많은 사람들은 갈림길에서 최선의 선택을 하기보다는 최악을 면하는 선택을 한다. 최선의 선택에는 리스크가 동반하기 때문에 최악의 상태를 면할 수 있는 상황을 알아보다 최적의 선택 시점을 놓치고, 선택을 했다 하더라도 결과는 보통 수준에 머물 수밖에 없다.

투자를 망설이는 많은 사람들이 돈이 없거나 돈이 부족하다는 핑계를 댄다. 이들이 고려해 볼 사항이 레버리지 활용이다. 투자금액을 100% 준비해서 하는 것이 아니라 외부 자금을 지렛대 삼아 투자를 하는 것이다. 나도 1990년대 말 벤처 투자 열풍이 불 때 우리사주를 구입할 때 마이너스 통장을 활용한 은행대출을 받아 구입하여 큰 수익을 봤다. 그렇지만 상장에 대한 불확실성이 있는 상황에서 이자 부담을 느꼈던 몇몇 동료들은 '뭐 돈이 되겠어?'라는 변명으로 투자를 하지 않고 나중에 후회를 했다. 최근에는 30대의 젊은 친구들도 토지 투자를 많이 하는데, 대부분이 신용을 담보로 은행 대출을 받아 투자를 한 후 미래에 몇 배의 크기로 돌아올 열매를 꿈꾸며 행복해한다. 현재 금융권의 대출 이자율은 3~5% 선이고 앞으로도 저금리 기조가 유지될 것이기에 대출을 받아 개발지 토지에 투자를 한다면 5~10년 사이에 대출금의 몇 배에 해당하는 큰 수익을 볼 것이다. 대출을 받아 낮은 수익을 얻는 수익형 부동산에 투자하기보다는 시간의 흐름과 더불어 빠르게 상승하는 개발지 토지에 투자를 하자.

이제 노동의 가치만으로는 인생 100세 수명의 긴 노후를 대비할 수 없다. 투자가 필수인 시대가 되어 '투자를 하는 것이 위험한 것이 아니라 투자를 하지 않는 것이 위험하다'라는 격언이 나올 정도다. 돈이 없다는 핑계 대신 레버리지를 활용하여 적극적으로 미래를 준비하자.

토지이용계획확인서

필지별 지역·지구 등의 지정 내용과 행위 제한 내용 등의 토지이용관련 정보를 확인하는 서류를 말한다.

토지이용계획확인서를 통하여 확인할 수 있는 필지별 토지이용 관련 정보는 다음과 같다.

① 지역·지구 등의 지정 내용
② 지역·지구 등에서의 행위 제한 내용
③「국토의 계획 및 이용에 관한 법률」에 따라 지정된 토지거래계약에 관한 허가 구역
④「택지개발촉진법 시행령」 제5조 제2항 후단에 따른 열람 기간
⑤「보금자리 주택건설 등에 관한 특별법 시행령」 제8조 제2항에 따른 열람 기간
⑥「건축법」 제2조 제1항 제11호 나목에 따른 도로
⑦「국토의 계획 및 이용에 관한 법률」 제25조에 따른 도시·군관리계획 입안사항
⑧「농지법 시행령」 제5조의 2제 1항에 따른 영농여건불리농지
⑨ 지방자치단체가 도시·군계획조례로 정하는 토지 이용 관련 정보

토지이용계획확인서를 발급하고자 하는 자는 특별자치도지사, 시장·군수 또

는 구청장에게 토지이용계획확인신청서(전자문서로 된 신청서 포함)를 제출하여야 하며, 토지이용계획확인신청서를 제출받은 특별자치도지사, 시장·군수 또는 구청장은 국토이용정보체계를 활용하여 토지이용계획확인서(전자문서로 된 확인서 포함)를 발급하여야 한다.

국토해양부에서 구축·운영 중인 토지이용규제정보시스템(http://luris.mltm.go.kr)에서는 한국토지정보시스템(KLIS)와 연계하여 토지이용계획확인서에 명기된 지역·지구 등의 지정 내용 및 행위 제한 내용 등의 정보를 인터넷을 통해 열람할 수 있도록 하고 있다.

<출처: 국토교통부, 토지이용규제정보서비스 용어사전>

8. 습관을 활용하자

아래 내용에서 말하는 '나'가 누구인지 상상하며 읽어보자.

나는 항상 당신과 함께 합니다.
나는 당신을 가장 잘 도와주기도 하고, 가장 무거운 짐이 되기도 합니다.
나는 당신을 성공으로 밀어주기도 하고, 실패로 끌어내리기도 합니다.
나는 전적으로 당신의 명령에 따릅니다.
당신이 하는 일을 나에게 떠맡긴다면
나는 그 일들을 빠르고 정확하게 처리할 수도 있습니다.
당신이 어떻게 하고 싶은지만 알려 주세요.
몇 번 연습하고 나면 그 일을 자동적으로 할 수 있게 될 겁니다.

나는 모든 위대한 사람들의 하인이고
또한 모든 실패한 사람들의 하인이기도 합니다.

위대한 사람들은 사실 내가 위대하게 만들어 준 것이지요.
실패한 사람들 역시 내가 실패하게 만들어 버린 겁니다.
나는 본래부터 있었던 게 아닙니다.
바로 당신이 나를 키워 주었습니다.
또한 하루 아침에 이루어진 것도 아닙니다.
많은 세월 속에 난 조금씩 자랐습니다.

엄격하게 대해 주세요. 그러면 당신 인생이 달라질 수 있습니다.
나는 당신을 성공의 길로 이끌겠습니다.
그러나 나를 너무 쉽게 대하면 당신을 파괴할지도 모릅니다.

나는 누구일까요?

'나'는 바로 습관이다. 사회적으로 성공한 사람들은 좋은 습관을 많이 활용한 사람들이다. 투자가들도 투자로 성공하기 위해서는 투자에 도움되는 습관을 추가하거나 늘려야 하고 성공에 도움되지 않은 습관을 줄이거나 없애야 한다.

수많은 세미나를 통해 파악한 투자에 도움되는 습관은 비전 활용, 잠자기 전 30분 이상 책 읽기, 아침 운동, 긍정적인 생각, 지자체에 전화하기, 즉시 실천하기 등이 많이 나왔고 줄이거나 없애야 할 습관은 TV 시청, 흡연, 부정적인 생각, 시간 허비하기, '~걸' 하는 후회 등이다. 좋은 습관을 늘리고 나쁜 습관을 없애서 이 글을 읽은 독자 모두가 투자로 성공하였으면 한다.

9. 미래 가치에 투자를 하자

2천 년대 초반 잠실 아파트 17평은 단돈 1억이면 살 수 있었다. 대출받고 전세 끼고 내 돈 3천만 원만 있었으면 살 수 있었다. 그때 돈이 3천만 원이 없어 투자를 못 했겠나? 미래 가치를 몰라서 투자를 못 했다. 지금은 재개발이 되어 10억이 넘는다. 현재 가치가 아닌 미래 가치를 보고 투자를 하는 이유가 이런 것이다.

부동산이라도 모든 부동산이 다 돈이 되는 것은 아니다. 도시화가 진행되는 지역의 부동산이 돈이 된다. 현재 또다시 잠실의 10억짜리 아파트를 산다면 이 아파트가 5년 내에 20억이 될 확률은 매우 적다. 왜냐하면 잠실은 이미 도시화가 완료된 지역이기에 미래 가치가 작기 때문이다.

지난 40년 동안 강원도 넓은 지역의 땅이 아닌 신도시 개발로 도시화된 땅이 땅값을 주도하였다. 그 결과 10년 동안 완성된 도시지역에 투자한 사람과 도시화 되지 않은 농림지역에 투자한 사람은 물가 상승률 정도의 땅값 상승 혜택만을 봤다. 결국 도시화가 이루어지고 있거나 도시화가 예상되는 곳이 투자 포인트다.

미래 가치가 높은 도시는 인구와 경제활동을 위한 기반 여건이 잘 갖추어진 곳, 인구 및 경제 활동을 특정 지역으로 편중시키는 특징이 있다. 부동산 투자는 과거가 가장 중요한 학습 효과다. 과거를 보고 현재를 대입시켜야 미래가 보인다.

20년 전 용인, 파주 땅 1평의 가치를 알지 못했다. 10년 전 판교 및 동탄 지역이 급속히 팽창하기 전 그 가치를 알지 못하였다. 같은 땅이라도 철원의 한 평과 지금 판교의 한 평의 가치는 너무나도 큰 차이가 난다. 이 차이를 10년 전에 알아봤다면? 경제적인 가치가 높은 미래 가치를 보고 투자하자. 지금 좋은 땅, 넓은 평수를 기준으로 투자하기보다는 앞으로 가격이 오를 수 있는 미래 가치에 투자하자.

10. 일단 땅을 사자

고기도 먹어 본 사람이 맛을 아는 것처럼 땅도 일단 사보아야 땅의 매력을 맛볼 수 있다. 매스컴에 등장하는 땅 투자의 달인들은 등기권리증을 몇 개를 넘어 수십 개씩 가지고 있는 경우가 많다. 땅은 작은 평수로도 구입이 가능하기도 하거니와 마음의 풍요와 심적 위안을 주며 자식을 효자로 만든다고 한다. 나도 처음 땅을 샀을 때는 드디어 남들이 다 부러워하는 지주가 되었다는 기쁨과 노후가 걱정이 되지 않는 편안한 마음을 덤으로 얻었다.

특히 도시화가 진행되는 개발 초기 단계에 땅을 사 놓으면 매년 땅값이 올라 땅이 돈을 벌어 주게 되고 이런 과정을 음미하면 삶의 활력소가 되어 하던 일도 더 잘되게 된다.

최근에 한 지인과 평택에 땅을 보러 갔는데, 이 사람은 대학시절

아르바이트를 한 돈을 알뜰히 모아 영종도에 땅을 샀다고 한다. 땅을 산 후의 기분이 너무 좋았으므로 그 이후에도 돈을 모아 강남 구룡마을 근처 땅 등 서울 변두리 여러 군데에 투자를 해서 지금은 노후 걱정이 없다고 한다. 작은 돈이라도 현금을 땅에 투자하니 도망가지도 않고 자식처럼 든든하게 마음속에서 힘이 되고 미래에 대한 희망을 주어 사는 맛이 난다고 한다.

처음 땅을 살 때는 잘 모르기에 불안감이 생겨 많이 망설이게 된다. 하지만 땅에는 꽝이 없다고 한다. 수도권 및 개발지 주변의 논이든 밭이든 평지를 사면 반드시 이익으로 보답하는 것이 땅이다. 본 서에서 추천하는 투자 기준과 실행 노하우를 잘 활용하여 땅을 사라. 풍요와 행복이 따라올 것이다.

수도권정비계획

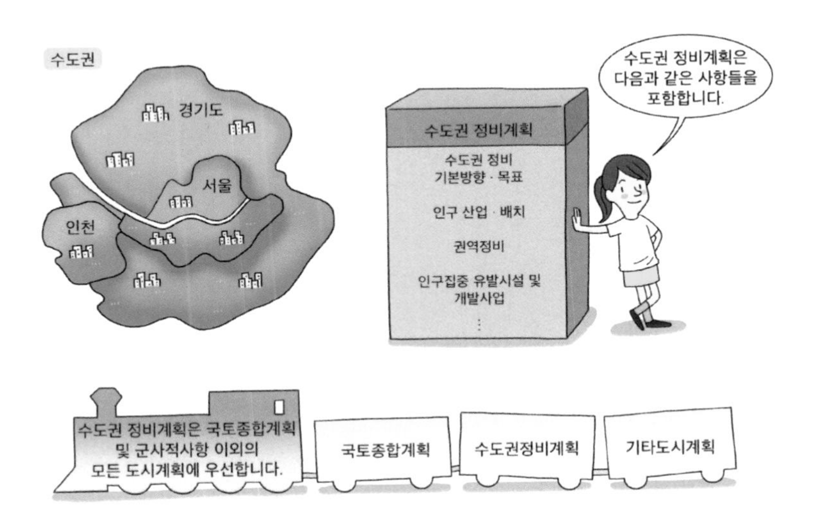

수도권의 인구 및 산업의 집중을 억제하고 적정하게 배치하기 위하여 국토종합계획을 기본으로 하여 「수도권정비계획법」에 따라 수립되는 계획을 말한다.

수도권정비계획은 수도권 정비의 기본방향, 인구 및 산업의 배치, 권역의 구분 및 정비방향, 광역시설의 정비 등에 관한 기본적인 사항을 정하는 장기종합계획으로서, 수도권 안에서 도시·군계획, 그 밖의 다른 법령에 따른 토지이용계획 또는 개발계획에 우선하고 그 계획의 기본이 된다.

국토해양부 장관은 수도권의 인구 및 산업의 집중을 억제하고 적정하게 배치하기 위하여 중앙행정기관의 장과 서울특별시장·광역시장 또는 도지사의 의견을 들어 수도권정비계획을 입안하고 수도권정비위원회의 심의를 거친 후 국무회의의 심의와 대통령의 승인을 받아 결정하며, 중앙행정기관의 장 및 시·도지사는 수도권정비계획을 실행하기 위한 소관별 추진 계획을 수립하여 시행한다.

수도권의 인구 및 산업의 적정배치를 위하여 수도권을 과밀억제권역, 성장관리권역, 자연보전권역의 3개 권역으로 구분하여 관리하고 있으며, 행정중심복합도시 건설·공공기관 지방이전 등 국내적 여건 변화, 중국의 급속한 성장과 경제개방화의 진전에 따라 국가경쟁력 강화를 위한 수도권 혁신의 필요성이 증대됨에 따라 제2차 수도권정비계획(1997~2011)을 조기에 종료하고 새로운 수도권의 비전과 발전방향을 담은 제3차 수도권정비계획(2006~2020)을 수립하여 시행 중에 있다.

<출처: 국토교통부, 토지이용규제정보서비스 용어사전>

11. 개발지역 땅을 선점하자

2017년 3월에 배우 전지현이 서울 삼성동에 위치한 3층 규모의 건물과 필지를 매입했는데 면적은 1,000㎡이고 가격은 325억이라는 매스컴 보도가 있었다. 약 303평이기에 평 단위로 환산하면 평당 1억 원이 넘는 금액이다. 삼성동에 향후 현대글로벌비즈니스센터가 건설되면 문화와 상권의 중심이 될 것이기에 미래 가능성을 보고 투자한 것이다. 보통 사람들은 1억 원을 투자하기가 힘들다. 앞으로 오른다고는 하지만 매우 비싼 가격이기에 서민들은 엄두를 낼 수 없는 금액이다.

투자의 원칙에 '무릎에 사서 어깨에 팔아라'라는 말이 있다. 개발 초기 단계에서 발 빠르게 정보를 파악하고 신속하게 땅을 사자. 결정을 미루고 머뭇거리면 살 물건이 바로 동나게 되는 것이 현실이다. 1988년 올림픽이 개최될 당시 판교 땅은 평당 3~5만 원이었으며, 2000년대 초반 개발 소문이 돌면서 몇십만 원대가 되었다. 개발이 확정되고 시작된 2003년도에는 평당 몇백만 원에 육박하였다. 일산 신도시에 위치한 호수공원 주변도 IMF 이전 별 관심을 받지 못하던 시기에는 평당 2~3백만 원대에 땅값이 형성되었다. 하지만 3호선 지하철이 연장 개통되고 상권이 형성되면서 지금은 평당 3~4천만 원을 호가한다. 개발 이전 농경지일 때 몇십만 원 하던 땅들이 개발 확정 후 몇백만 원이 되고 개발이 완료된 후 도시화 확장기에 돌입하면 천만 원 이상 상승한다. 강남, 분당, 용인, 동탄, 판교 신도시를 경험을 근거로 볼 때 개발지 땅을 선점한 후 개발 완공을 거쳐 확장되는 시점에 판매하는 것이 가장 확실하고도 큰 수익을 볼 수 있다. 선점했던 개발지 땅으로 수익을 낸 이후에는 또 다른 개발지에 선점하는 투자를 한다면 금상첨화가 될 것이다.

12. 기다리고 기다리자

주식 투자에서도 단기성 투자로 대박을 꿈꾸는 많은 개미들은 큰 손해를 보고 먼 미래의 수익을 꿈꾸며 꾸준히 상승하는 우량주에 장기 투자를 한 외국인이나 소수의 현명한 투자자들은 재미를 본다. 땅은 오래 가지고 있으면 물심양면으로 주인에게 도움을 준다고 한다. 개발지 토지는 5년이면 인삼이요, 10년이면 산삼이라는 비유가 있을 정도로 시간과 정비례하여 반드시 가격이 상승하기에 성급하게 매매하지 말고 한 번 사면 가능하면 10년 정도를 기다려라.

강남 개발 기간도 경부고속도로 개통 후 10년 이상 동안 이루어졌고 분당 및 일산 신도시도 1990년 초반 개발 시작 후 2000년대 초반에 완성이 되었다. 판교 신도시도 2003년 개발 시작 후 2012년 정도에 성장기 단계에 진입하였고 지금도 계속 도시가 확장되고 있다.

우리 민족의 특성인 빨리빨리 문화가 인터넷과 잘 어우러져 지금까지의 성장을 이끌어 왔다면 단군신화에서 표현한 곰의 인내를 활용할 시기가 왔다. 우리 민족의 또 다른 특성인 인내심을 활용하자. 투자는 기다린 시간과 비례하여 반드시 달콤한 열매가 열린다.

PART 4

유망 투자처

1. 서해안 라인

1960년대 이후 한국 경제는 경부고속도로 라인을 따라 발전해오다가 1994년에 착공하여 2001년 12월 완공된 서해안고속도로 이후 서해안 시대가 열렸다. 급속히 발전하며 세계 제2의 경제 대국이 된 중국으로 인해 서해안 벨트가 발전했고 앞으로도 10년 이상은 한국 경제의 성장은 서해안 벨트 중심이 될 것이다. 그렇기에 이미 2013년 제2 서해안고속도로 평택 시흥 간은 개통이 되었고, 평택에서 부여를 거쳐 익산까지 연결되는 구간은 2022년 완공 예정이다.

서해선복선전철도 2015년 5월 착공에 들어가 2020년 완공되면 홍성에서 평택 안중 및 화성 향남, 안산 원시를 지나 여의도 및 일산 대곡까지 연결되고 향후 유라시아 철도까지 연결된다.

제2서해안고속도로와 서해선복선전철이 동시 다발적으로 빠르게 개발된다는 것은 그만큼 서해안 라인에 물동량이 많고 앞으로도 증가할 것임을 의미한다. 이러한 곳에 투자를 해야 투자 가치가 높아진다.

경기도 인구 중 약 90%인 950만 명이 남부권에 몰려 산다. 남부권은 동남부와 서남부권이 있다. 성장 동력은 서남부권에서 생겨났다. 동남부권인 하남, 여주, 이천은 자연보존지역이 많아 공장이 들어가기가 힘들다. 대부분의 공장이 서남부권에 많다. 5년, 10년, 20년 후에는 산업을 통해 자족기능을 갖춘 경제도시가 부유하게 되면서 교육과 문화를 선도하게 된다. 이런 지역들의 핵심이 평택과 화성이다.

2. 왜 평택 평택 하는가?

평택은 경기도의 변방 도시에 불과하였지만 서해안 중심의 국토 개발을 진행한 제3차 국토개발종합계획(1992~2001년)으로 발전하기 시작하였다. 1992년 중국과 수교를 하고 중국과 교역을 시작하면서 서해안 시대가 열리기 시작하였다. 중국은 공산주의에서 자유무역을 받아들이면서부터 발전하였다. 1990년도 중후반부터 2010년까지 두 자리 성장률을 기록하며 중국이 급성장하였다.

평택의 지리적 여건이 좋아 중국과 밀착되어 갑자기 뜨기 시작하였다. 많은 제조업체들이 평택항 인접 지역에 들어오면서 기반 여건이 형성되고 동북아 물류 중심으로 부상하였다. 평택 당진항의 가치를 가장 먼저 알아보고 움직인 곳이 대기업이었다. 현대제철이 평택 당진항에 들어가 있고 삼성도 평택에 세계 최대 단일 반도체 공장을 짓고 있다. 삼성은 평택에 100조를 투자할 계획이다. LG도 기존 30만 평으로 자리 잡았던 진위단지에 60조를 투자하여 총 90만 평으로 늘리고 있다.

현대의 도시는 자족기능을 갖출 때 발전한다. 과거에는 학군 중심의 발전이 이루어졌으나 앞으로는 직군(직업) 중심으로 발전하기에 기업이 유입되고 개발 호재가 있어야 한다. 평택 주변에 빅3 업체가 들어오고 9개의 산업단지가 포진해 있다. 현재도 개발이 활발히 진행되고 있다. 홍콩, 싱가포르, 상해가 업무단지와 배후도시 중심으로 개발이 된 것처럼 평택이 발전하고 있다.

평택이 많은 투자자들의 관심을 받는 이유는 도시화가 진행되고 있기 때문이다. 도시화는 사람과 경제 발전을 특정 지역으로 집중시키기에 부가가치가 가장 높다. 투자는 도시화가 되는 곳에 투자해야 가장 큰 수익률을 바라볼 수 있다.

평택의 가치를 인구 유입, 개발 호재, 접근성 중심으로 알아보자.

1) 인구 유입

1990년대 초반 평택 인구는 약 30만 명을 조금 넘었다. 1986년 무역항으로 개항하고 1997년 평택항이 지금의 외항으로 개항했다. 그 이후 기업이 들어오고 인구가 유입되기 시작하였다. 1990년 12월 27일 서해안고속도로가 착공된 이후 중국이 발전하기 시작하였다. 중국의 비약적인 발전은 예상치 못한 상황이었다. 중국과의 교역으로 30년 이상 격차가 났던 일본과의 경제 발전 차도 줄어들기 시작하였다. 이런 입지적 여건을 만들어 준 것이 중국의 발전이다. 이때부터 평택항이 본격 발전하기 시작하였고 중국을 통한 발전으로 한국도 IMF를 극복하고 고도성장하게 되었다.

2016년 말 기준으로 평택 인구 47만 명, 2025년이 되면 100만이 넘어간다. 본격적으로 2015년도부터 개발이 되기 시작하였고 2020년에는 인구 78만 명이 될 것이다. 사람들이 2015년부터 평택에 관심을 갖기 시작하였다. 기업이 들어오고 교통 인프라가 갖추어지면서 언론에 부각되었고 많은 사람들이 유입되고 있다. 지금 현재의 인구 47만 명 보다 많은 인구가 앞으로 10년 동안 유입될 것이다.

삼성 반도체가 2017년 상반기 말 1차 가동 예정이고 미군 부대가 본격 입주하며, 내년에는 고덕국제신도시에 사람들이 입주를 할 예정이다. 인구가 본격적으로 입주하는 단계에 진입하였다. 인구가 앞으로 7~8년 동안 2배 이상 유입되면서 도시화가 어디로 형성되는지를 파악하는 것이 투자 포인트다. 평택은 10년 후에 어마어마하게 성장해 있을 것이다. 도시화가 한창 진행 중인 평택 땅을 사는 것을 투자라 한다.

2) 개발 호재

요즘 평택에 많은 사람들이 관심을 갖고 있다. 왜 사람들이 평택, 평택 할까? 개발 호재가 많아서다. 개발 호재가 많으면 어떤 현상이 발생하는가? 개발의 뜨거운 감자가 되는 지역은 기업이 들어가고 기업이 들어가면 인구가 유입되고 교통 여건이 개선된다. 이 3박자를 갖추고 있는 곳을 숲이라고 한다. 숲을 먼저 그린 다음에 나무를 봐라.

고덕국제신도시

수도권에 들어서는 마지막 신도시가 평택 고덕국제신도시다. 국제신도시는 사방으로 경부선 철도, 민자 고속철 SRT, 평택항을 비롯해 평택~음성 간 고속도로가 위치하고 있는 교통요충지다. 총 3단계 개발을 통해 13만 6,000명(5만 4,000가구)이 들어설 주택용지와 삼성반도체 라인이 들어설 산업용지로 구성돼 있다.

고덕국제신도시가 왜 화성의 동탄에 제3의 신도시를 만들지 않고 평택에 만들었나? 경제 흐름의 핵심인 물길 터미널 평택 당진항의 역할 확대와 성장성으로 인해 조성되었다.

<u>산업체 천지</u>

평택 당진항이 제조업을 유인하고 있다. 주변에 공장 천지다. 포승국가산업단지 200만 평, 제2포승·제3포승산업단지가 개발 예정이고, 청북 도시 산업단지도 2개가 있다. 지제역세권에 삼성전자가 100조를, 진위에 LG가 1단계, 2단계, 3단계에 걸쳐 60조를 투자할 계획이다. 이런 산업단지 외 기타 9개 산업단지가 개발되었다. 이렇게 대기업과 관련 협력업체, 산하기관, 부품 중소기업들이 들어오니 고용창출이 되고, 경제활동을 하는 인구가 집중되게 된다. 지금 현재 가파른 도시화가 이루어지고 있다.

<u>평택항</u>

평택항은 국책사업이고, 한국이 계속 발전하기에 물동량도 증가할 것이므로 점점 커져 갈 것이다. 이와 더불어 업무 단지와 중심 배후 도시도 커지고 질적으로 성장하기에 경제적 가치가 확실하다. 현재 평택항 3분의 1은 이미 국가산업단지로 완성되었으며, 3

분의 2는 만들어지고 있다. 바로 옆 당진에 제철 단지, 화학 단지가 있다. 이 둘이 연결된 곳이 평택 당진항이다. 평택항은 현재 외항보다 3~4배 되는 규모로 확대되고 있고 2020년 완성된다.

현재의 물동량만으로도 대한민국 31개 항 중 5위 정도의 규모인데, 2020년 예정대로 완성되면 부산항과 어깨를 나란히 할 정도로 발전한다.

요즘의 항만은 화물의 입출만이 아닌 서비스를 포함한다. 대형마트처럼 모든 것을 한 번에 해결할 수 있게 복합단지로 개발된다. 로테르담, 홍콩, 싱가포르처럼 발전할 것이다.

또한 쿠르즈와 관광단지가 들어서는 현덕지구가 개발 중이다. 1만 명 수용의 객실이 건설되고, 아시아 최대 규모의 면세점이 들어온다. 호텔 안의 면세점이 아니라 면세점 내의 호텔이 건설된다.

황해경제자유구역

평택항 주변에 위치하고 있는 황해경제자유구역은 「환황해권 첨단산업의 국제협력 거점 조성」을 목표로 첨단산업 클러스터로 개발되는 포승지구(62만 평)와 쾌적한 글로벌 정주환경 조성을 추구하는 현덕지구(70만 평)로 구성된다. 황해경제자유구역은 NAFTA, EU와 함께 세계 3대 경제자유구역을 목표로 하고 있다.

황해경제자유구역은 중국, 일본, 동북아 중요 도시에 2시간 내 접근이 가능하고, 대륙 간 물류 수송이 원활하며, 거대한 수도권 소비시장을 확보하고 있다는 장점이 있다.

국제 항만 평택항에 인접해 있으며 중국 횡단 철도와 시베리아 철도와 연결 가능하며 반도체, 자동차, 디스플레이, 철강 클러스터 형성을 목표로 개발 중이다.

미군 부대

동북아에서 가장 규모가 큰 미군 부대가 평택 팽성에 자리 잡고 있다. 여의도 면적의 5.4배인 450만 평 규모다. 오늘날 이태원, 동두천 거리를 만든 것이 미군 부대의 영향이다. 대한민국 전국 각지에 분산되었던 미군 부대들이 하나로 합쳐져서 평택에 자리를 잡고 있다. 김대중 정권 시절 미군 부대 평택 이전이 결정되었을 때 평택 시민들은 미군 부대 이전을 결사 반대했다. 2016년 7월 이주를 시작으로 올해 본격적으로 미군 부대 이주가 예정되면서부터 미군 부대 주변의 땅값이 기하급수적으로 올라 평당 2천만 원 이상을 주고도 땅을 구할 수 없게 되었다. 농사 짓던 시절 부대 주변 땅의 가치가 2~3만 원이었는데, 이태원 같은 상권이 형성될 것이라는 기대 심리로 땅값이 폭등하여 2~3천만 원을 주고 구매하고 싶어도 매물이 없어서 살 수가 없다. 이 모든 것들이 평택에서 일어나고 있다.

브레인시티

평택 브레인시티 사업이 평택도시공사 참여로 추진되고 있다. 브레인시티 사업은 평택시 도일동 150만 평 규모에 성균관대 신 캠퍼스를 비롯한 친환경 주거공간과 첨단산업단지가 들어서는 지식기반형 첨단복합 산업단지로, 평택시 핵심 주력 사업이다. 성균관대학교 평택 사이언스파크 캠퍼스와 관련 첨단지식기반 산업단지가 들어설 평택 브레인시티 일반산업단지 조성을 통해 평택은 교육환경도 개선되고, 양질의 일자리 창출도 가능할 것이다.

도시개발구역

도시개발사업을 시행하기 위하여 「도시개발법」에 따라 지정·고시된 구역을 말한다.

도시개발사업은 도시개발구역에서 주거, 상업, 산업, 유통, 정보통신, 생태, 문화, 보건 및 복지 등의 기능이 있는 단지 또는 시가지를 조성하기 위하여 시행하는 사업을 말한다.

그동안의 도시개발은 주택단지개발, 산업단지개발 등과 같은 단일목적의 개발방식으로 추진하였으므로, 신도시의 개발 등 복합적 기능을 갖는 도시를 종합적·체계적으로 개발하는 데는 한계가 있었다. 이에 따라 종전의 「도시계획법」의 도시계획사업에 관한 부분과 「토지구획정리사업법」을 통합·보완하여 도시개발에 관한 기본법으로서의 「도시개발법」을 제정함으로써 종합적·체계적인 도시개발을 위한 법적 기반을 마련하는 한편, 도시개발에 대한 민간부문의 참여를 활성화함으로써 다양한 형태의 도시개발이 가능하도록 유도하기 위하여 도입된 제도이다.

도시개발구역의 지정 대상 지역 및 규모는 다음과 같다. 자연녹지지역·생산녹지지역 및 도시지역 외의 지역에 도시개발구역을 지정하는 경우에는 광역도시계획 또는 도시기본계획에 의하여 개발이 가능한 지역에서만 지정이 가능하며, 도시개발구역은 동일한 필지 내에 건축물(무허가 건축물 제외)이 없는 토지(나지)의 총면적이 전체 토지면적의 50% 이상인 지역에 한하여 지정한다.

① 주거지역 및 상업지역: 1만㎡ 이상
② 공업지역: 3만㎡ 이상
③ 자연녹지지역: 1만㎡ 이상
④ 생산녹지지역(생산녹지지역이 전체면적의 30% 이하인 경우만 해당): 1만㎡ 이상
⑤ 도시지역 외의 지역: 30만㎡ 이상(다만, 공동주택 중 아파트 또는 연립주택의 건설계획이 포함되는 경우로서 일정 요건을 모두 갖춘 경우에는 20만㎡ 이상)

다만, 다음의 어느 하나에 해당하는 지역으로서 지정권자가 계획적인 도시개발이 필요하다고 인정하는 지역에 대해서는 면적제한을 적용하지 아니한다.

취락지구 또는 개발진흥지구로 지정된 지역, 지구단위계획구역으로 지정된 지

역, 국토해양부 장관이 국가균형발전을 위하여 관계 중앙행정기관의 장과 협의하여 도시개발구역으로 지정하려는 지역(자연환경보전지역은 제외)

도시개발사업은 사업의 성격에 따라 도시개발구역의 토지 등을 수용 또는 사용하는 방식, 환지(換地)방식 또는 이를 혼용하는 방식으로 시행할 수 있다.

<출처: 국토교통부, 토지이용규제정보서비스 용어사전>

3) 접근성

평택이 개발되는 궁극적 원인은 평택항의 위상이 높아졌기 때문이다. 유럽으로 들어가는 관문이 로테르담, 동북아로 들어가는 관문 대한민국, 그 중심에 평택항이 있다. 평택항의 위상이 커지면서 기업이 들어가고 인구가 유입되고 교통 여건이 개선되었다. 현대, 삼성, 엘지, 당진항의 현대제철, 동부제강 등 많은 기업이 유입이 되면서 자족기능을 갖추게 되니까 정규직이 늘고 이 사람들의 주거 환경이 개선되면서 인구 유입이 된다. 이 3박자가 다 갖춰지게 된다.

2040평택시장기종합발전계획보고서에 따르면 제3차국가철도망계획(2016~2025년)이 완공되면 평택은 수도권 교통 중심지로 부상할 것으로 예상하고 있다. 평택-이천(부발)간 철도가 개설되면 평택항(서해안선)-평택(경부선)-강원도 강릉(영동선)까지 동서 횡단 철도가 완공된다.

경부고속도로, 평택-제천 간 고속도로, 서해안고속도로와 제2서해안고속도로 평택-시흥 간 개통과 철도 경부선, 고속철 SRT가 운행 중이다. 수서-평택 지제역 간 SRT 철도 노선의 개통으로 평택~서울 강남을 20분 안에 돌파하고 지역 내 관광자원과 관광교통수단의 연계를 통해 관광객 이동 편의성과 여행 만족도를 향상시킴으로써 관광객 유치에 기여할 것이다.

화성-평택 간 고속도로가 동탄에서 북평택 및 오성을 거쳐 세종시까지 연결되었다. 제2서해안고속도로도 평택에서 2018년부터 시작하여 2022년에 부여까지 연결된다. 제2서해안고속도로와 연결되는 새로운 IC가 (가칭) 포승 IC다. 2020년 서해선복선전철이 완공되면 홍성에서 평택 안중을 지나 여의도까지 연결된다.

항만, 도로, 철도와 관광연계 사업으로는 야간 투어와 다양한 테마 코스 개발 및 교통/통역 서비스, 다국어 운행정보 안내서비스 제공 등 외국인 관광객 대상 관광서비스를 확대해갈 계획이다.

접근성을 바탕으로 경제 신도시로 발전해가는 평택의 미래는 매우 밝다.

4) 도시화 시너지

사람이 살면 학교가 있어야 한다. 오늘날 분당, 목동 신시가지가 뜬 이유는 교육 인프라다. 행정과 문화, 비즈니스가 이루어지는 곳이 중심 도시고 도시화가 이루어지는 곳이다. 도시화는 사람과 경제활동을 집중시키는 역할을 한다.

평택은 동부·서부 생활권으로 나눌 수 있고 동부 생활권에는 평택-제천 간 고속도로와 삼성전자와 고덕 국제신도시가 들어서게 된다. 고덕 국제신도시와 삼성전자가 들어가는 동부생활권은 지역 변화가 일어나고 있고 이용성이 다양화 되고 있는 지역으로 현재 평당 땅값이 8~9백만 원에 형성되고 있다. 약 5년 전만 해도 1~2백만 원으로 형성되었던 지역이다.

서부 생활권은 평택항과 배후 중심도시 안중을 중심으로 형성되고 있다. 동부생활권이 5년 전부터 활발히 개발되었듯이 앞으로 5년 뒤 이렇게 발전할 곳이 평택항의 배후 중심도시인 안중이다. 지금 한창 개발의 탄력성을 받고 있다. 업무단지 배후도시로서 투자가치가 높다.

서부생활권에는 현화, 송담, 화양지구 택지가 개발되고 있는데 개발이 진행되면서 교육, 마트, 병원 등 도시 인프라들이 들어오게 된다.

2010~2011년에는 2~3백만 원이면 얼마든지 지제역 근처 땅을 살 수 있었다. 2014년도에는 보상이 다 이루어졌다. 지제역의 2010~2011년도 상황이 지금의 서부 생활권과 비슷하다.

그때 당시에는 1백만 원, 2~3백만 원이면 지제역 땅을 충분히 살 수 있었다. 그렇지만 고덕국제신도시 도로가 8차선, 6차선으로 개설되고 있다. 그러다 보니 현재는 땅값이 1천 2백만 원, 1천 5백만 원 등으로 형성되어 있고 역에서 벗어난 지역의 땅도 일반적으로 4~5백만 원으로 형성되어 있다. 지금도 지제역은 투자 가치가 있다. 가격 탄력성이 많이 붙어 있다. 앞으로 5년 후에는 분명 2~3천만 원은 되어 있을 것이다. 왜냐하면 다른 지역 역세권 땅이 이 정도 하기 때문이다.

평택은 2015~2025년, 10년 동안 고도성장을 할 것이다. 인구가 많이 유입되고 굴지의 대기업과 산업단지 입주기업들이 평택 당진항을 중심으로 뭉칠 것이다. 평택 당진항 지원세력도 많다. 미군부대가 현덕지구와 바로 연결된다. 평택호 관광단지를 거쳐 현덕지구로 연결된다.

외국인들이 현덕지구에서 자유롭게 즐길 수 있기에 외국인을 대상으로 한 관광단지가 조성되고 카페리호도 운영하며 싱가포르와 홍콩처럼 항만과 관광이 결합된 지구로 발전할 것이다.

토지 투자는 주변을 보아야 한다. 나무를 보면 숲을 보지 못한다. 땅은 혼자서 가격 상승을 이끌 수가 없다. 땅 투자는 개발의 전체적인 상황을 이해해야 한다. 전체적인 흐름을 보고 읽고 해야 한다.

25년 전 분당 신도시, 15년 전 용인 개발 및 용인-서울 간 고속도로 주변의 변화, 10년 전 화성 동탄 주변이 변화된 것처럼 그런 개발 현상이 평택에서 일어나고 있다.

표준지 공시지가

「부동산 가격공시 및 감정평가에 관한 법률」에 의한 절차에 따라 국토해양부 장관이 조사·평가하여 공시한 표준지의 단위면적당 가격을 말한다.

국토해양부 장관이 토지이용상황이나 주변 환경, 그 밖의 자연적·사회적 조건이 일반적으로 유사하다고 인정되는 일단(一團)의 토지 중에서 선정한 표준지(50만 토지)에 대하여 매년 1월 1일 현재의 적정가격을 조사·평가하여 공시한 표준지의 단위면적당 가격(원/㎡)을 말하며, 통상적으로 매년 2월 말경 공시한다.

표준지 공시지가는 토지시장의 지가정보를 제공하고 일반적인 토지거래의 지표가 되며, 국가·지방자치단체 등의 기관이 그 업무와 관련하여 지가를 산정하거나 감정평가업자가 개별적으로 토지를 감정평가하는 경우에 그 기준이 된다.

표준지 공시지가는 국토해양부가 운영 중인 부동산공시가격 알리미 인터넷 홈페이지(http://www.realtyprice.or.kr)를 이용하여 관련 정보를 열람할 수 있다.

<출처: 국토교통부, 토지이용규제정보서비스 용어사전>

개별 공시지가

시장·군수·구청장이 개별토지에 대해 시·군·구 부동산평가위원회의 심의를 거쳐 매년 결정·공시하는 단위면적당 가격을 말한다.

개별 공시지가는 당해 토지와 유사한 이용가치를 지닌다고 인정되는 하나 또는 둘 이상의 표준지의 공시지가를 기준으로 시장·군수·구청장이 조사한 개별토지의 특성과 비교표준지의 특성을 비교하여 토지가격비준표 상의 토지특성 차이에 따른 가격 배율을 산출하고, 이를 표준지 공시지가에 곱하여 지가를 산정한 후 감정평가업자의 검증을 받고 토지소유자 등의 의견수렴과 시·군·구 부동산평가위원회 심의 등의 절차를 거쳐 결정·공시한다.

개별 공시지가는 해당 연도 1월 1일을 기준일로 하여 5월 31일까지 결정·공시하며, 토지 관련 국세 및 지방세의 부과기준, 개발부담금 등 각종 부담금의 부과기준에 활용된다. 개별 공시지가에 대하여 이의가 있는 경우에는 개별 공시지가의 결정·공시일부터 30일 이내에 서면으로 시장·군수 또는 구청장에게 이의를 신청할 수 있으며, 시장·군수 또는 구청장은 이의신청 기간이 만료된 날부터 30일 이내에 이의신청을 심사하여 그 결과를 신청인에게 서면으로 통지한다. 이의신청의 내용이 타당하다고 인정될 때에는 해당 개별 공시지가를 조정하여 다시 결정·공시한다. 개별 공시지가는 해당 시·군·구청 홈페이지에서 열람할 수 있다.

<출처: 국토교통부, 토지이용규제정보서비스 용어사전>

3. 화성시 향남

우리 주변의 보통 사람들은 부동산으로 돈을 벌었다. 주식보다 부동산으로 돈 벌 확률이 높다. 고성장 시기에는 아파트로도 돈을 벌었지만 저성장 시기에 가장 크게 가격 탄력성을 받는 것은 개발 지역의 땅이다.

많은 사람들의 꿈인 건물주가 되는 방법은 건물을 사거나 자신이 직접 건물을 짓거나 둘 중 하나다. 건물 하나를 사려면 최소 15~20억이 필요하다. 월급으로 이 돈을 모으기는 힘들다. 월급쟁이가 1년에 1천만 원 모으기는 매우 힘들다. 결국 월급 모아 빌딩 사기는 불가능하다.

반면에 자신이 빌딩을 짓는 방법은 가능하다. 빌딩을 짓기 위해서는 땅이 있어야 한다. 땅 중에서도 가격 상승이 안전하고 확실하게 오를 수 있는 개발지역의 땅을 구입하는 것이다. 다른 투자는 평균 연 5% 내외의 투자 수익을 기대하지만 개발지 땅에 대한 투자는 몇 배의 수익을 기대할 수가 있는 매력이 있다.

개발지 땅 중에서도 가장 매력적인 곳이 서해안벨트 라인이며 서해선복선전철이 들어가고 신분당선까지 개통 예정인 화성시 향남역이 투자 유망지다.

화성은 3개 중심도시로 개발되고 있다. 경부고속도로 라인으로 동탄 신도시가 있다. 서동탄을 먼저 개발했고 현재 동동탄이 개발되고 있다. 이 둘이 합쳐서 천만 평 규모다. 2000년도 초반 경부고속도로 중심으로 동탄 개발이 시작되었고 2007년부터 신도시 입주가 시작되었으며 2016년 12월 SRT가 개통되었다.

서해안고속도로를 중심으로 향남이 있고 제2서해안고속도로를 중심으로 남양이 있다. 동탄은 이미 경제적 가치가 있는 지가를 가진 땅은 천만 원 이상이다. 투자의 흐름상 가슴 부분이다. 투자를 해도 큰 수익을 기대하기 어렵다. 눈여겨볼 지역이 향남이다.

화성시와 남부권의 중심 향남을 인구, 개발 호재, 접근성, 도시화 시너지를 기준으로 살펴보자.

1) 인구 유입

앞으로 8년 뒤 2025년 1인당 국내총생산(GDP)을 기준으로 꼽은 세계 7대 부자 도시에 한국 도시 두 곳이 이름을 올렸다. 미국 CNN방송은 글로벌 경영컨설팅업체 맥킨지의 자료를 인용해 경기 화성과 충남 아산이 세계 7대 부자 도시 가운데 하나가 될 것이라고 보도했다. 화성시가 이렇게 발전하는 것을 객관적인 수치로 보여주는 것이 인구 유입력이다.

2000년대 초반 화성은 인구 약 20만 명을 조금 넘는 작은 도시였지만 행정자치부가 주민등록 인구통계관리를 시작한 2008년 2월부터 지난 연말까지 9년 동안 화성시 인구는 44만 9,354명에서 64만 9,646명으로 20만 292명 증가해 기초지방자치단체 중에서 가장 많이 증가했다.

앞으로도 서해안벨트 중심의 발전과 동탄, 향남, 송산그린시티 개발 등의 호재가 인구 증가를 이끌어 갈 것이다. 동탄2신도시 27만 명, 향남 2지구 4.7만 명, 송산그린시티 26만 명이 입주하면 2020년에 110만 돌파가 된다.

화성시 내에서 인구가 가장 많이 증가하는 지역은 동탄과 향남 신도시이다. 향남 같은 경우는 행정구역상 화성시로 속해 있지만 크게 보면 평택항의 배후도시로 봐도 무방하다. 평택항은 향남의 발전에 밀접하게 연관이 되어 있다. 향남은 서해안 고속도로와도 아주 가깝다. 현재 개발 중인 향남 제2지구가 완공되면 약 5만 명의 인구가 더 유입된다. 그리고 서해선복선전철이 길게 연결되어 여의도까지 닿는 날에는 더욱더 큰 발전과 더 많은 인구 유입이 예상된다.

2) 개발 호재

화성의 남부권 호재로는 향남과 장안을 중심으로 한 대규모 택지 및 산업단지 개발이 진행 중이어서, 지역성장의 잠재력이 높다는 점이 있다. 남부권이 발전하면 '국제적인 산업·물류 중심지'로 성장하고, 향후 창조적 지식기반 산업도시의 위상에 부합하는 산업육성 인프라가 구축될 것이다.

<u>향남 역세권 개발</u>

2020년 서해선복선전철이 완공되고 개통되면 향남역 주변의 상권 개발이 활발히 이루어질 것이다. 더욱이 대부분의 역사 주변 개발이 개통 이후에 이루어지지만 향남역은 이미 2008년도에 향남

제1택지개발이 완료되었고 제2택지개발도 현재 진행되고 있어 내년까지 완료될 계획이다. 2020년 주변에는 충분한 인구가 상주하고 있을 것이므로 다른 어떤 신설 역사 주변보다 빠르게 상권이 형성될 것이다.

택지 개발

향남 주변에 등재된 산업체만 1만 2천 개가 넘는다. 이곳에 근무하는 사람들 중 많은 사람들이 경기도 다른 지역에서 출퇴근을 하고 있다. 이들을 위한 제1지구 택지 개발이 2008년에 완공이 되어 입주를 하였다. 지금은 제2지구가 한창 공사 중이고 올해와 내년에 걸쳐 입주가 예정되어 있다. 택지 내에 영화관, 쇼핑센터 등 다양한 문화 시설이 들어섰고 구청 부지, 읍사무소 등이 신규 건설될 계획에 있다.

풍부한 문화생태관광자원

남부권은 화성호, 매향리를 중심으로 한 문화생태관광자원이 풍부한 지역이며 온천이 많이 분포해 있는 지역으로, 수도권의 대표적인 휴양관광지로서 발돋움할 수 있는 잠재력이 매우 크다.

3) 접근성

2001년도 서해안고속도로 개통 후 중국과의 교역량 증가로 인하여 중국과 인접한 서해안 축으로 국가 차원의 교통기반시설 확충이 지속적으로 이루어지고 있다. 발안을 중심으로 한 서해안고속도로 IC, 국도 39, 43, 82호선이 인천, 수원, 안산, 오산과 연계되고 2020년 개통하는 서해선복선전철을 통해 수도권과 서울 강남에 쉽게 접근할 수 있게 된다.

그리고 신분당선이 호매실을 거쳐 봉담과 병점을 경유하여 향남에서 서해선복선전철과 연결되는 철도노선 계획이 이루어지면, 서해안축 개발 잠재력과 경부축이 시너지 효과를 창출하게 된다.

버스에 철도운영개념을 도입하여 중앙버스전용차로 등을 통한 통행 속도 향상 및 정시성 제고, 수송능력 향상 등 버스서비스를 지하철 수준으로 대폭 향상시킨 간선급행버스(BRT: Bus Rapid Transit)를 통해 동부권과 서부권과 원활하게 교류·연계하면 발전할 수 있다.

4) 도시화 시너지

지금까지 학교 중심의 학군을 통해 도시화 시너지가 창출되었다면 앞으로의 세상은 직업 중심의 직군을 중심으로 도시가 발전할 것이다. 향남을 중심으로 한 남부권은 기아자동차뿐만 아니라 발안산업단지, 향남 제약단지, 장안 첨단1·2단지 등 대규모 산업단지가 입지해 있으며, 이들 산업단지와 연계된 개별 제조공장이 밀집한 제조업의 중심지이기에 확고한 소득기반으로 활기차게 도시화가 이루어지고 있다.

향남역세권인 제1지구에 은행, 오피스텔, 병원과 홈플러스가 활발하게 영업 중이다. 제2지구 내에 롯데시네마 등 최신의 문화 시설이 자리잡고 있고 향남역에서 800여 미터 떨어진 가까운 거리에 이마트가 들어설 것이다. 이런 도시화 시너지를 창출하는 문화 경제 시설들이 긍정적인 변화를 이끌고 있다.

그리고 무엇보다 도시화에 활력을 넣는 젊은 층이 많다는 것이다. 유모차를 끌고 다니는 신세대 부부가 많고 초·중학생들이 거리를 가득 메울 정도로 미래가 기대되는 도시다.

용도지구

토지의 이용 및 건축물의 용도·건폐율·용적률·높이 등에 대한 용도지역의 제한을 강화 또는 완화하여 적용함으로써 용도지역의 기능을 증진시키고 미관·경관·안전 등을 도모하기 위하여 도시·군관리계획으로 결정하는 지역을 말한다.

용도지구는 용도지역, 용도구역과 더불어 토지 이용을 규제·관리하는 토지이용계획의 대표적인 법적 실행수단이다.

「국토의 계획 및 이용에 관한 법률」에 의한 용도지구는 경관지구, 미관지구, 방화지구, 방재지구, 고도지구, 보존지구, 시설보호지구, 취락지구, 개발진흥지구, 특정용도제한지구로 구분되며, 시·도 또는 대도시의 조례로 용도지구를 신설할 수 있다.

<출처: 국토교통부, 토지이용규제정보서비스 용어사전>

부록

부동산 용어

<출처: 국토교통부, 토지이용규제정보서비스 용어사전>

개발진흥지구

주거기능, 상업기능, 공업기능, 유통물류기능, 관광기능, 휴양기능 등을 집중적으로 개발·정비할 필요가 있는 지구로서 「국토의 계획 및 이용에 관한 법률」에 따라 도시·군관리계획으로 결정·고시된 지구를 말한다.

개발진흥지구는 용도지구 중의 하나로서 주거·공업·유통물류·관광휴양기능을 집중적으로 개발·정비할 필요가 있는 지역에 지정하며, 중심기능에 따라 다음과 같이 세분한다.

① **주거개발진흥지구**: 주거기능을 중심으로 개발·정비할 필요가 있는 지

구로서 취락지구 중에서 향후 주거지역으로 발전할 가능성이 있어 이를 계획적으로 개발할 필요가 있는 곳에 지정한다.

② **산업개발진흥지구**: 공업기능을 중심으로 개발·정비할 필요가 있는 지구로서 지역의 부존자원 특화산업, 외국인 자본유치, 정보화·생명공학 등 공해 없는 첨단산업을 유치하기 위하여 필요한 지역에 지정한다.

③ **유통개발진흥지구**: 유통·물류기능을 중심으로 개발·정비할 필요가 있는 지구로서 토지 이용을 고도화하거나 지역경제를 활성화할 수 있는 지역을 유통기능으로 특별히 개발하기 위하여 지정한다.

④ **관광휴양개발진흥지구**: 관광·휴양기능을 중심으로 개발·정비할 필요가 있는 지구로서 성격상 자연환경이 뛰어난 지역에 지정되어 자연환경 및 생태계가 훼손될 우려가 있으므로 채종림, 보안림 등의 지역은 특별한 사유가 없으면 지정대상에서 제외한다.

⑤ **복합개발진흥지구**: 주거, 공업, 유통·물류, 관광·휴양기능 중 둘 이상의 기능을 중심으로 개발·정비할 필요가 있는 지구로서 복합개발의 상승효과가 기대되는 지역에 지정한다.

⑥ **특정개발진흥지구**: 주거, 공업, 유통·물류, 관광·휴양기능 외의 기능을 중심으로 특정한 목적을 위하여 개발·정비할 필요가 있는 지구이다.

도시지역 외에 지정된 개발진흥지구 안에서 건폐율과 용적률의 최대한도는 각각 40% 이하, 100% 이하의 범위 안에서 하고, 특별시·광역시·특별자치시·특별자치도·시 또는 군의 도시·군계획조례에서 정하는 비율에 따른다. 「도시·군관리계획수립지침」에서는 자연환경보전지역(관광·휴양개발진흥지구는 제외), 문화재 및 문화재보호구역, 자연생태계보전지역, 접도구역, 상수원보호구역, 특별대책지역(폐수배출시설 외의 시설이 입지하는 경우에는 제외) 등에는 개발진흥지구를 지정할 수 없도록 제한하고 있다.

건폐율

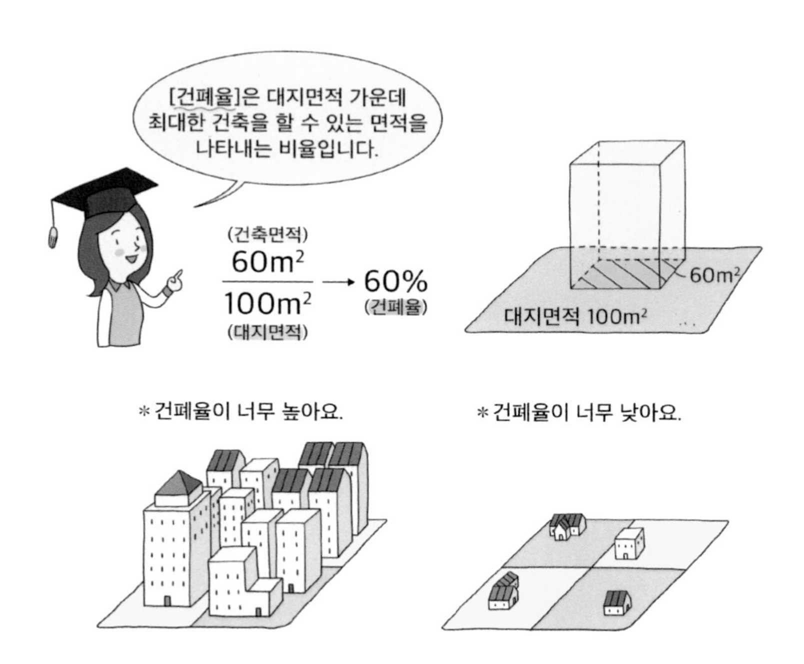

대지면적에 대한 건축면적(대지에 건축물이 둘 이상 있는 경우에는 이들 건축면적의 합계)의 비율을 말한다.

건폐율은 대지면적에 대한 건축면적의 비율로서, 용적률과 함께 해당 지역의 개발밀도를 가늠하는 척도로 활용한다. 용도지역·용도지구별 건폐율의 최대한도는 관할 구역의 면적과 인구 규모, 용도지역의 특성 등을 고려하여 「국토의 계획 및 이용에 관한 법률」에서 정하고 있는 기준은 다음과 같다.

- 제1종 전용주거지역: 50퍼센트 이하
- 제2종 전용주거지역: 50퍼센트 이하
- 제1종일반주거지역: 60퍼센트 이하
- 제2종일반주거지역: 60퍼센트 이하
- 제3종일반주거지역: 50퍼센트 이하
- 준주거지역: 70퍼센트 이하
- 중심상업지역: 90퍼센트 이하
- 일반상업지역: 80퍼센트 이하
- 근린상업지역: 70퍼센트 이하
- 유통상업지역: 80퍼센트 이하
- 전용공업지역: 70퍼센트 이하
- 일반공업지역: 70퍼센트이하
- 준공업지역: 70퍼센트 이하
- 보전녹지지역: 20퍼센트 이하
- 생산녹지지역: 20퍼센트 이하
- 자연녹지지역: 20퍼센트 이하
- 보전관리지역: 20퍼센트 이하
- 생산관리지역: 20퍼센트 이하
- 계획관리지역: 40퍼센트 이하
- 농림지역: 20퍼센트 이하
- 자연환경보전지역: 20퍼센트 이하

건폐율은 「국토의 계획 및 이용에 관한 법률」에서 정한 범위 안에서 특별시·광역시·특별자치시·특별자치도·시 또는 군의 조례로 정한다.

다만, 지구단위계획을 수립하는 등 필요한 경우 이를 완화하여 적용할 수 있다.

복합환승센터

열차·항공기·선박·지하철·버스·택시·승용차 등 교통수단 간의 원활한 연계교통 및 환승 활동과 상업·업무 등 사회경제적 활동을 복합적으로 지원하기 위하여 환승시설과 환승지원시설이 상호 연계성을 가지고 한 장소에 모여 있는 시설로서 「국가통합교통체계효율화법」에 따라 지정된 것을 말한다.

그동안 교통시설 개발은 개별 시설별 타당성 위주로 추진되어 전체 교통 네트워크 차원의 연계성·통합성·효율성이 저하되고, 최근 고속철도역 등 교통망의 지역개발 파급효과가 지대함에 따라 주요 교통거점을 대상으로 각종 교통수단이 연계소통되고 문화·상업·업무시설 등을 고밀도로 건설할 수 있도록 복합환승센터제도를 도입하였다.

복합환승센터는 교통수단 간 원활한 환승을 지원하기 위하여 다음과 같은 구분에 따라 지정하여 관리한다.

① **국가기간 복합환승센터**: 국가기간 교통망 구축을 위한 권역 간 대용량 환승 교통의 효율적인 처리와 상업·문화·주거·숙박 등 지원기능을 복합적으로 수행하기 위하여 국토해양부 장관이 지정한 복합환승센터

② **광역 복합환승센터**: 주로 권역 내의 환승 교통 처리와 상업·문화·주

거·숙박 등 지원기능을 복합적으로 수행하기 위하여 시·도지사가 국토해양부 장관의 승인을 받아 지정한 복합환승센터

③ **일반 복합환승센터**: 국가기간 복합환승센터 및 광역 복합환승센터를 제외한 것으로서 지역 내의 환승 교통 처리를 주된 기능으로 수행하기 위하여 시·도지사가 지정한 복합환승센터

복합환승센터는 「국토의 계획 및 이용에 관한 법률」에 의한 기반시설 중 교통시설의 하나이며, 반드시 도시·군관리계획으로 결정하여 설치하여야 하는 시설로서 도시·군계획시설로는 자동차 정류장에 해당한다. 다만, 도시지역 및 지구단위계획구역 외의 지역에 설치하는 경우에는 도시·군관리계획으로 결정하지 않고도 설치할 수 있다.

도시·군계획시설인 자동차 정류장은 준주거지역, 중심상업지역, 일반상업지역, 유통상업지역, 준공업지역, 자연녹지지역 및 계획관리지역에 한하여 설치하여야 한다. 다만, 복합환승센터는 제1종 전용주거지역, 보전녹지지역, 보전관리지역 및 생산관리지역 외의 지역에 설치할 수 있다.

용도구역

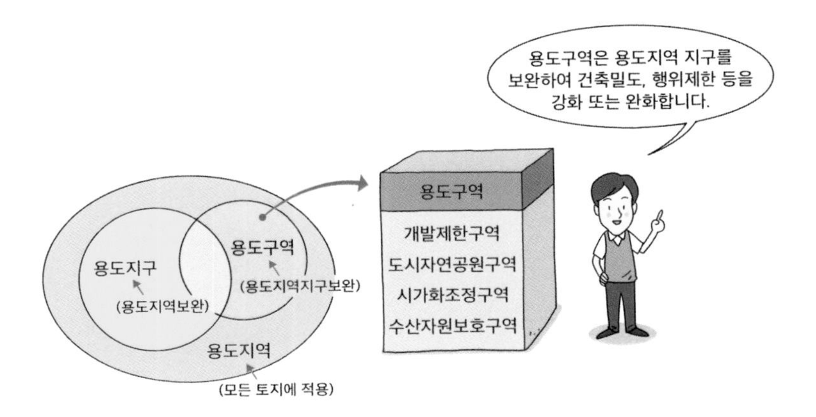

토지의 이용과 건축물의 용도·건폐율·용적률·높이 등에 대한 용도지역 및 용도지구의 제한을 강화 또는 완화하여 따로 정함으로써 시가지의 무질서한 확산을 방지하고, 계획적이고 단계적인 토지이용 도모, 토지이용의 종합적 조정·관리 등을 위하여 도시·군관리계획으로 결정하는 지역을 말한다.

용도구역은 용도지역, 용도지구와 더불어 토지이용을 규제·관리하는 토지이용계획의 대표적인 법적 실행수단이다.

「국토의 계획 및 이용에 관한 법률」에 의한 용도구역은 개발제한구역, 시가화조정구역, 도시자연공원구역, 수산자원보호구역으로 구분한다.

용도지역

토지의 이용 및 건축물의 용도·건폐율·용적률·높이 등을 제한함으로써 토지를 경제적·효율적으로 이용하고 공공복리의 증진을 도모하기 위하여 서로 중복되지 않게 도시·군관리계획으로 결정하는 지역을 말한다.

우리나라의 도시·군계획의 근간을 이루는 용도지역제(Zoning)는 도시·군계획의 중요한 법적 집행수단의 하나이다. 시가지 개발을 효율적인 방향으로 유도하기 위해서 주택·상업시설·공장·학교 등 용도에 따라 토지이용을 규제·관리하는 토지이용계획의 대표적인 법적 실행수단이다.

현대적 의미의 용도지역제가 처음으로 등장한 나라는 독일로 1810년 나

폴레옹 1세 치하에 있던 독일 라인강 지역의 도시들에 대하여 법률로서 보호구역을 지정한 것이 그 최초다. 이것을 기반으로 하여 1845년에 용도지역제의 시효라고 할 수 있는 프러시아 공업법을 제정하였다.

도시 내에서 토지를 특정한 용도지역으로 구분·지정하는 용도지역제가 공식적으로 정해진 것은 19세기 말 미국으로, 캘리포니아주에서는 1885년 미국 최초로 용도지역제를 실시하였다. 이후 본격적인 용도지역 조례가 최초로 제정된 것은 1909년 로스앤젤레스였으나, 체계적이고 종합적인 용도지역 조례는 1916년 뉴욕에서 제정하였다.

우리나라는 도시계획구역에 대해서는 「도시계획법」, 도시계획구역 외 지역에 대해서는 「국토이용관리법」에 의해 관리하였다. 그러나 이후 2002년에 「국토이용관리법」과 「도시계획법」이 통합되어 「국토의 계획 및 이용에 관한 법률」이 제정됨에 따라 같은 법에 따라 도시지역과 비도시지역을 일원화하여 용도지역을 지정·관리하고 있다.

「국토의 계획 및 이용에 관한 법률」에 의한 용도지역은 도시지역, 관리지역, 농림지역, 자연환경보전지역으로 구분한다.

지목변경

지적공부(地籍公簿)에 등록된 지목을 다른 지목으로 바꾸어 등록하는 것을 말한다.

지목변경을 하고자 하는 자는 그 사유가 발생한 날부터 60일 이내에 지적소관청에 지목변경을 신청하여야 하며, 지목변경을 신청할 수 있는 경우는 다음과 같다.

① 관계 법령에 따른 토지의 형질변경 등의 공사가 준공된 경우
② 토지나 건축물의 용도가 변경된 경우
③ 도시개발사업 등의 원활한 추진을 위하여 사업시행자가 공사 준공 전에 토지의 합병을 신청하는 경우

지적도

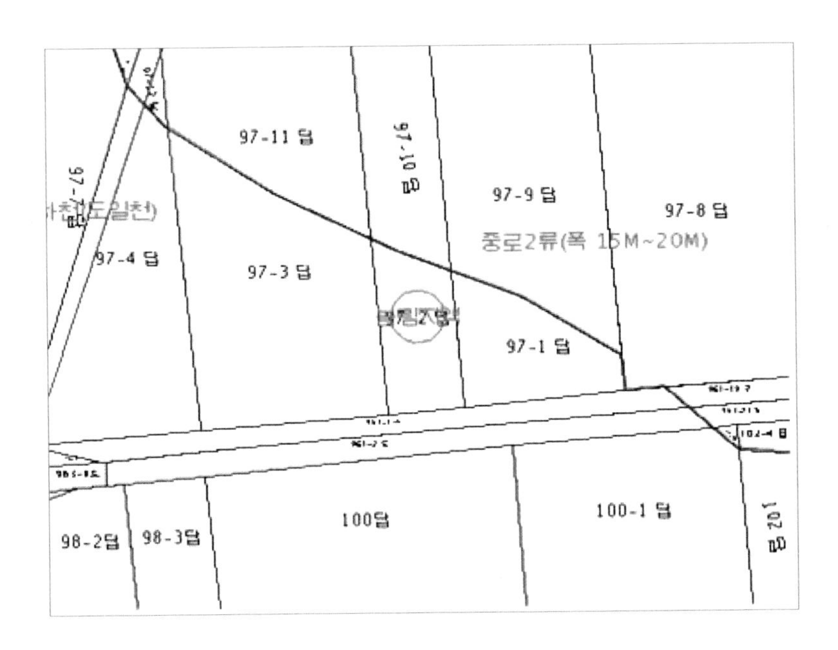

지적공부(地籍公簿) 중의 하나로서 토지의 소재, 지번, 지목, 경계 그 밖의 사항을 등록한 도면을 말한다.

체비지

도시개발사업으로 인하여 발생하는 사업비용을 충당하기 위하여 사업시행자가 취득하여 집행 또는 매각하는 토지를 말한다.

도시개발사업에 필요한 경비에 충당하거나 규약·정관·시행규정 또는 실시계획으로 정하는 목적을 위하여 일정한 토지를 환지(換地)로 정하지 않고 보류지(保留地)로 정할 수 있으며, 그중 일부를 체비지(替費地)로 정하여 도시개발사업에 필요한 경비에 충당할 수 있다.

「주택법」에 따른 국민주택건설용지 등의 확보를 위하여 필요한 경우에는 체비지를 집단으로 지정할 수 있으며, 집단체비지는 대지의 제곱미터(㎡)당 단가가 비교적 낮은 지역에 지정하고 체비지 면적의 70% 범위 내에서 지역 여건에 따라 결정한다.

토지이용계획

계획구역 내의 토지를 어떻게 이용할 것인가를 결정하는 계획을 말하며, 도시 공간 속에서 이루어지는 제반 활동들의 양적 수요를 예측하고 그것을 합리적으로 배치하기 위한 계획작업이라고 할 수 있다.

토지이용계획은 교통계획, 도시·군계획시설계획, 공원녹지계획과 더불어 도시·군계획의 근간을 이루는 가장 중요한 부문이다.

도시의 토지이용계획에 대한 미국적 시각은 토지이용계획을 교통계획 및 시설계획과 상호 긴밀한 관계를 갖고 있는 광범위한 도시·군계획의 한 분야라고 보는 관점이다.

다른 하나는 유럽적 시각인데, 토지이용계획을 교통계획이나 시설계획을 포함하는 종합적인 기본계획(독일) 또는 구체적인 토지이용계획(프랑스)으로 보는 것으로서, 토지이용계획은 도시·군계획의 내용과 궁극적으로 동일하다고 생각하는 것이다.

이러한 두 가지의 시각은 토지이용계획이 도시·군계획의 기본이라는 점에서 서로 일치하고 있다. 토지이용계획을 교통계획이나 시설계획과 대응시켜 도시·군계획의 한 과정으로 보는 견지에서는 토지이용계획이 정해진 다음에 여기에 대응하는 교통·주택·공공시설 등의 계획을 결정하게 되며, 토지이용계획과 이들 계획들과의 상호관계는 서로 영향을 주고받는 가역적(可逆的) 관계를 가지고 있다.

우리나라에서는 토지이용계획을 지역·지구제와 혼동하여 사용하는 경우가 종종 있다. 지역·지구제는 토지이용계획을 구체적으로 실현하는 법적·행정적 방안 중의 하나이며, 토지이용계획을 질서 있고 합리적으로 실행하기 위한 제도적 장치이다. 따라서 일단의 토지이용계획을 수립하여 그 토지이용계획을 집행하는 수단의 하나로 지역·지구제라는 수법을 활용한다.

이 책의 핵심 메시지는 간단하다. 신도시 중 사람과 경제활동이 집중될 도시화 지역에 투자를 해야 한다는 것이다. 앞으로 도시는 기업이 들어가 고용인구가 창출되는 곳이 경쟁력이 생긴다. 그렇지 않으면 도시가 슬럼화된다. 다가올 미래는 교육환경이 우수한 곳보다는 경제적 여건이 우수한 지역이 발전을 한다. 이런 변화의 트렌드를 읽자. 기업이 들어가야 좋은 투자 환경이 조성된다.

요즘 단독택지 분양 경쟁률이 9,204대 1, 몇천 대 1을 기록한다. 분양에 당첨되면 대박이 난다는 확신이 있어 경쟁률이 치열하다. 분양을 받으면 노후 준비가 확실히 되고 다른 어떤 투자보다도 우위에 있다는 확신이 있어 많은 사람이 신청을 한다. 이것이 1기 신도시가 준 교훈이다. 단독 및 점포 주택을 분양받게 되면 추후에 주거단지가 형성되고 공실이 없어 임대 수익이 확실하여 자산 가치도 오르게 된다. 재테크 상품인 건물에 살면서 최고의 은퇴 준비를 할 수 있게 되어 경쟁률이 몇천 대 1이 된다. 2기 신도시도 마찬가지다.

일산에 호수 공원이 있다. 처음에 까르푸가 들어왔다가 퇴장했다. 1997년 IMF 전에는 호수 공원 주변의 땅은 300만 원이면 쉽게 살 수 있었다. 그러나 지금은 평당 3~4천만 원 이상 간다. "농사 짓던 땅이 너무 올라 못 사", "이미 오를 만큼 올랐는데 또 오르겠어"라며 100명 중 98명이 투자를 하지 않았다. 소수의 2% 정도되는 사람만이 호수공원 근처에 지하철 공사를 하는 것을 보고 미래 발전 가능성을 예측하며 투자를 했다. 투자한 사람들은 큰돈을 벌었다. 시간이 지나면서 신도시 주변에 투자를 한 사람과 하지 않은 사람은 재산의 규모에서 큰 차이가 난다.

우리나라 경제 환경에서 투자는 필수다. 사기업의 평균 정년은 52세다. 27세 또는 28세에 직장에 입사해서 약 25년간 근무하고 사회에 나온다. 인생 2막으로는 많은 사람들이 자영업을 선택하고 그 중 프랜차이즈 사업을 쉽게 생각하고 창업을 한다. 프랜차이즈가 자신의 경쟁력을 보증하지는 않는다. 프랜차이즈 사업은 서비스에 따라 결과가 천차만별이다. 프랜차이즈 창업 후 2~3년 안에 많은 사람들이 문을 닫는다. 이렇게 되면 퇴직금을 거의 날린다.

자영업을 할 때 돈이 부족할수록 중심부로 가야 경쟁력이 생긴다. 땅도 마찬가지다. 1억을 가지고 투자할 때 대부분이 외곽 지역에 투자를 한다. 외곽지역이 2배 오르는 동안 중심부는 10배 가까이 오른다. 중심부로 들어가서 목돈을 만들어야 한다.

도시 중심지에 투자하는 것 이상으로 투자 시점도 중요하다. 도시지역의 땅도 사람처럼 가격 상승의 생애주기가 있다. 미개발지역에서 개발지로, 개발지에서 성장기를 거치고 성숙기 단계를 거쳐서 쇠락기 단계를 거친다. 개발지에서 성장기로 넘어가는 단계에 투자를 해야 투자 가치가 높다. 이 과정이 도시화 과정이다. 사람과 돈과 기업을 집중시키는 곳, 도시화가 진행되는 곳을 중심으로 가격이 상승한다. 개발지에서 시작하여 성장기를 거치는 도시화 단계에 들어가야 빅뱅이 일어난다.

그래서 '계획-착공-진행-완공', 이 과정을 거쳐서 성숙기 단계로 넘어오면, 사람으로 치면 중장년 시기다. 강남, 분당, 일산, 평촌의 땅들이 성숙기 단계다. 성장기 단계는 판교다. 2009년 입주하기 시작하였고 2019년~2020년이 되면 성숙기 단계에 진입하게 된다. 성장기에 있는 판교 신도시 주변에는 아직도 투자 매력이 있다.

이런 도시화의 원리를 좀 더 정확하게 이해하고 땅을 바라보면 훨씬 더 넓게 바라볼 수 있다. 강원도 소양강댐을 막으면서 이 혜택을 보는 곳이 어디인가 찾아 그곳에 투자했듯이 개발지를 거쳐 도시화가 되면서 산업과 사람이 집중되는 곳이 어딘지 찾아 다리품을 팔아라.

이제는 아는 바를 실천하여 풍요롭고 행복한 노후를 준비하는 일만 남았다.